LES
CATACOMBES
DE
PARIS

PAR

ÉLIE BERTHET

AUTEUR DE

La Marquise de Norville, le Garde Chasse, le Garçon de Banque, etc., etc.

II

PARIS

L. DE POTTER, LIBRAIRE-ÉDITEUR

RUE SAINT-JACQUES, 38.

LES
CATACOMBES DE PARIS

SUITE DES NOUVEAUTÉS EN LECTURE

DANS TOUS LES CABINETS LITTÉRAIRES

L'Amour à la Campagne, par Maximilien Perrin. 3 vol. in-8.
La Mare d'Auteuil, par Ch. Paul de Kock. 10 vol. in-8.
Les Boucaniers, par Paul Duplessis. 3 vol. in-8.
La Place Royale, par madame la comtesse Dash. 3 vol. in-8.
La marquise de Norville, par Élie Berthet. 3 vol. in-8.
Mademoiselle Lucifer, par Xavier de Montépin. 3 vol. in-8.
Les Orphelins, par madame la comtesse Dash. 3 vol. in-8.
La Princesse Pallianci, par le baron de Bazancourt. 5 vol. in-8.
Les Folies de jeunesse, par Maximilien Perrin. 3 vol. in-8.
Livia, par Paul de Musset. 3 vol. in-8.
Bébé, ou le Nain du roi de Pologne, par Roger de Beauvoir. 3 vol. in-8.
Blanche de Bourgogne, par Madame Dupin, auteur de *Cynodie*, *Marguerite*, etc. 2 vol. in-8.
L'heure du Berger, par Emmanuel Gonzalès. 2 vol. in-8.
La Fille du Gondolier, par Maximilien Perrin. 2 vol. in-8.
Minette, par Henry de Kock. 3 vol. in-8.
Quatorze de dames, par Madame la comtesse Dash. 3 vol. in-8.
L'Auberge du Soleil d'or, par Xavier de Montépin. 4 vol. in-8.
Débora, par Méry. 3 vol. in-8.
Les Coureurs d'aventures, par G. de la Landelle. 3 vol. in-8.
Le Maître inconnu, par Paul de Musset. 3 vol. in-8.
L'Épée du Commandeur, par Xavier de Montépin. 3 vol. in-8.
La Nuit des Vengeurs, par le marquis de Foudras. 5 vol. in-8.
La Reine de Saba, par Xavier de Montépin. 3 vol. in-8.
La Juive au Vatican, par Méry. 3 vol. in-8.
Le Sceptre de Roseau, par Émile Souvestre. 3 vol. in-8.
Jean le Trouveur, par Paul de Musset. 3 vol. in-8.
Les Femmes honnêtes, par Henry de Kock. 3 vol. in-8.
Les Parents riches, par madame la comtesse Dash. 3 vol. in-8.
Cerisette, par Ch. Paul de Kock. 6 vol. in-8.
Diane de Lys, par Alexandre Dumas fils. 3 vol. in-8.
Une Gaillarde, par Ch. Paul de Kock. 6 volumes in-8.
George le Montagnard, par le baron de Bazancourt. 5 vol. in-8.
Le Vengeur du mari, par Em. Gonzalès. 3 vol. in-8.
Clémence, par madame la comtesse Dash. 3 vol. in-8.
Brin d'Amour, par Henry de Kock, 3 vol. in-8.
La Belle de Nuit, par Maximilien Perrin. 2 vol. in-8.
Jeanne Michu, *la bien-aimée du Sacré-Cœur*, par madame la comtesse Dash. 4 vol. in-8.

Imprimerie de Gustave GRATIOT, 30, rue Mazarine.

LES
CATACOMBES
DE
PARIS

PAR

ÉLIE BERTHET

AUTEUR DE

La Marquise de Norville, le Garde Chasse, le Garçon de Banque, etc., etc.

II

Avis. — Vu les traités internationaux relatifs à la propriété littéraire, on ne peut réimprimer ni traduire cet ouvrage à l'étranger, sans l'autorisation de l'auteur et de l'éditeur du roman.

PARIS

L. DE POTTER, LIBRAIRE-ÉDITEUR

RUE SAINT-JACQUES, 38.

CHAPITRE PREMIER

I

La promenade souterraine.

D'abord Philippe marchait d'un pas rapide et saccadé sans savoir où il allait. Sa tête brûlait; sa raison semblait ébranlée par les secousses brusques et successives qu'elle venait d'éprouver.

Mais cet état violent ne pouvait être de longue durée; Philippe réalisait pleinement dans sa personne le *mens sana in corpore sano*. Aussi se dit-il tout à coup en passant la main sur son front :

— A quoi bon ces faiblesses? *Elle* m'aime, *elle* n'appartiendra jamais volontairement à un autre que moi; pouvais-je espérer davantage en provoquant cette explication? Songeons maintenant à la grave responsabilité qui pèse sur moi, songeons à Chavigny qui m'attend.

Malgré cette résolution, bien arrêtée plus d'une fois sans doute dans le trajet de la rue Saint-Jacques à la rue de Vaugirard, les idées qu'il voulait secouer lui revinrent à l'esprit ; mais il ne se laissa plus dominer par elles et il atteignit bientôt la maison de Chavigny.

Il frappa d'une manière particulière. On s'empressa d'ouvrir, et on dit à voix basse dans l'obscurité :

— Est-ce toi, Philippe ?

— C'est moi.

— Arrive donc! le sang me bout d'impatience... Mais, un moment! comment s'est passée l'entrevue qui te causait tant d'émoi? Mal, sans doute? Pauvre garçon! ta main est brûlante et cependant elle tremble.

—Merci, Chavigny, tout va bien, répliqua Philippe avec effort.

— Vraiment? J'aurais cru qu'au contraire... Allons! c'est ton secret, je dois le respecter. Maintenant, mon ami, suis-moi, et, s'il est possible, n'éveillons pas les badauds et les commères dont cette maison est largement fournie, comme toutes les autres maisons de Paris.

Tout en parlant, Chavigny avait refermé la porte, et conduisait Philippe par la main à travers les détours d'une allée raboteuse. Ils étaient sans lumière, et Lussan n'eût pu se diriger sans aide au milieu des Carybde et des Scylla de ce vieil édifice. Enfin, ils soulevèrent une trappe vermoulue, descendirent à tâtons une douzaine de marches, et se trouvèrent dans une espèce de cave à l'extrémité de laquelle une lanterne allumée était posée à terre.

Mais, avant de permettre à son compagnon d'avancer, Chavigny rabattit soigneusement la trappe.

— Tu vois si je prends des précautions, dit-il ; personne au monde ne peut soupçonner que nous sommes là... Et maintenant, admire mon ouvrage.

Philippe s'approcha de la partie du souterrain éclairée par la lanterne. Des décombres, qui remplissaient un angle de la cave, avaient été récemment écartés ; on apercevait dans l'intérieur de la muraille qui soutenait la voûte un trou sombre d'où s'échappait un air tiède, humide, nauséabond.

— Qu'est cela? demanda Philippe surpris.

— Cela, mon ami, c'est tout simplement une découverte de ton serviteur; c'est le résultat de deux heures d'un pénible travail; c'est enfin l'entrée des souterrains que nous cherchons.

— Comment! tu es parvenu seul...

— Tout seul. A peine m'avais-tu quitté que je m'étais mis à l'œuvre, sans autre outil que mes pauvres mains d'abbé..... Mais je dois en convenir, la tâche était facile, car ces pierres et ces matériaux ont été fraîchement remués.

— Ainsi donc, cette fable ridicule d'apparition...

— Pourrait bien ne pas être une fable tout à fait... Et toi, pieuse dame Courcaillet, toi dont le trop court passage en ce lieu se trahit encore par une odeur de chou moisi, de carotte fanée, tu pourrais bien ne pas être une visionnaire ! Voici la cave, voici les décombres, voici l'abîme, il n'y manque plus...

— As-tu déjà poussé une reconnaissance dans ce souterrain ?

— Je l'avoue humblement, Philippe, j'ai voulu te donner, en cette circonstance, une preuve indubitable de ma prudence. Mon travail achevé, je me suis muni de mes pistolets et... je t'ai attendu. On ne sait pas ce que mademoiselle Suzette appelle ça. Ce peut être une bande de voleurs et de contrebandiers. Bref, je n'ai pas voulu risquer l'aventure sans toi, mon ami valeureux, toi qui aspires à devenir un *pius Æneas*, un Thésée, un Télémaque.

— Soit! nous descendrons ensemble. Notre recherche ne peut être longue. Si nous trouvons un emplacement convenable, nous nous empresserons d'y transporter nos presses et tout notre attirail, avant le jour.

— C'est entendu... Prends la lanterne et partons.

— Mais, dit Lussan avec hésitation, avant de nous engager dans ces lieux inconnus, ne devrions-nous pas nous fournir de quelques objets indispensables ?

— Lesquels donc ?

— Des bougies de rechange, un fusil pour les rallumer, des cordes... que sais-je ?

— Bah ! bah ! nous avons une bougie presque entière et tu dis toi-même que nous serons de retour dans dix minutes. Ah çà! Philippe, crois-tu vraiment t'enfoncer dans les gouffres du Ténare?

Philippe ne dit rien ; mais tirant son épée, plutôt pour s'en faire un point d'appui qu'une défense, il se dirigea vers l'entrée du souterrain, et Chavigny le suivit résolument.

Il fallut se courber pour pénétrer dans l'ouverture. Les deux amis aperçurent un escalier en colimaçon qui semblait descendre jusqu'aux entrailles de la terre. Cet escalier se continuait au-dessus de leur tête et avait dû sans doute atteindre autrefois la surface du sol; mais le puits dans lequel il était pratiqué ayant été crevé lors de la fondation de la maison, son propriétaire parcimonieux s'était contenté de faire boucher la crevasse en maçonnerie légère. Cette maçonnerie, soit par l'effet du temps, soit par le travail de gens inconnus, avait été récemment démolie et avait mis à découvert cet escalier ténébreux.

Mais Philippe et surtout son frivole

compagnon n'accordèrent qu'une attention superficielle à ces détails. Impatients de pénétrer les mystères de ces lieux souterrains, ils commencèrent à descendre l'escalier tournant. Le délabrement des marches témoignait de leur ancienneté ; d'ailleurs, elles étaient si frustes qu'elles ne présentaient ni commodité ni sécurité. Il fallait donc une extrême circonspection pour éviter des chutes funestes. On entendait les gravats qui roulaient sous les pas des deux amis tomber de dalle en dalle avec un bruit sourd, et ce bruit s'éteignait bien avant qu'ils eussent atteint le fond de la spirale immense où les entraînait la loi de la pesanteur.

Cependant Philippe, son épée d'une main et sa lanterne de l'autre, marchait d'un pas rapide. Il indiquait brièvement à son compagnon les points dangereux et semblait s'inquiéter fort peu de sa propre sûreté. En revanche, l'abbé prenait les soins les plus minutieux pour préserver sa pauvre petite personne de tout accident ; il ne posait le pied sur une marche qu'après s'être assuré de sa solidité ; il ne se gênait pas pour chercher un point d'appui des mains et des épaules contre la cage de l'escalier. Aussi, avant même d'avoir atteint le terme de la descente, sa mise, si proprette, avait-elle subi de notables dommages. Son manteau et ses manchettes étaient souillés d'une boue blanchâtre ; ses cheveux dépoudrés avaient perdu leur élégante symétrie. Pour un empire, l'abbé de Chavigny n'eût voulu paraître ainsi fait dans un salon ; mais ce n'était pas dáns un salon qu'il allait.

Ils descendirent ainsi pendant quelques minutes, et ce périlleux escalier leur semblait interminable. Chavigny comptait les marches, et il en était déjà au chiffre quatre-vingt-dix (ce qui, avec la profondeur de la cave supérieure, représentait une centaine de marches au-dessous du pavé de Paris), quand enfin Lussan rencontra sous son pied un sol plan.

— Nous sommes arrivés, dit-il.

— Rendons grâces aux dieux immortels ! répliqua Chavigny en essuyant son front baigné de sueur.

En effet, ils étaient dans ces carrières souterraines si célèbres aujourd'hui sous le nom de Catacombes, et ils jetèrent autour d'eux des regards avides.

Leur première impression fut un vif désappointement. D'après les traditions populaires, ils s'étaient représenté ces carrières, dont l'origine se perdait dans la nuit des temps, comme une suite de hautes et larges galeries, aux teintes lugubres, quelque chose de semblable aux cryptes d'une église gothique multipliées à l'infini. Au lieu de cela, ils n'avaient devant eux qu'un couloir à peine assez large pour laisser passer deux personnes de front; la voûte était plate, unie, quoique fendue en beaucoup d'endroits, et si basse que Philippe pouvait l'atteindre avec la main. Ce passage était pratiqué dans la pierre blanchâtre appelée cliquart, dont sont construits la plupart des édifices de Paris; et comme cette pierre, qui s'altère et noircit au grand air, avait conservé sa teinte primitive, ce souterrain, œuvre des Gaulois ou tout au moins des Parisiens des premiers temps de la monarchie française, semblait avoir été creusé depuis quelques mois à peine.

Ce long boyau, droit et blanc, n'avait ni grandeur ni caractère ; on cherchait un travail de géant et on ne trouvait qu'un trou de taupe.

L'abbé en exprima sa surprise.

— Il faut voir, dit tranquillement Philippe ; d'ailleurs, nous ne venons pas faire ici des recherches historiques ; avançons un peu ; peut-être plus loin trouverons-nous un endroit qui convienne à nos projets.

— Avançons, dit l'abbé complètement

rassuré ; le royaume de Pluton n'est pas si noir qu'on le croit. On disait ces souterrains si vastes ! Un gros moine ventru engagerait sa panse dans ce couloir, et la Guimard de l'Opéra n'y pourrait faire une pirouette.

CHAPITRE DEUXIÈME

II

La promenade souterraine (suite).

Philippe et Chavigny continuèrent de marcher. Bientôt on aperçut une nouvelle galerie à droite, puis une à gauche, puis une autre, puis d'autres encore.

Toutes ces galeries n'étaient ni plus larges ni plus élevées que la première ; mais elles semblaient avoir une grande étendue. Lussan proposa de suivre par curiosité une de ces branches latérales, et ils la suivirent, en effet, pendant quelques minutes. Même aspect, même multiplicité de routes qui se croisaient sans cesse. Craignant de s'égarer, ils revinrent en toute hâte dans leur ancienne voie. L'abbé commençait à ne plus rire.

— Par le Styx ! dit-il, les distractions ici pourraient être périlleuses, et je n'ai merais pas à m'y promener quand je cherche une rime.

— Je regrette que nous ne soyons pas munis d'un peloton de fil pour nous diriger dans ce labyrinthe, répliqua Philippe d'un air soucieux ; mais nous resterons dans la galerie qui vient en droite ligne de l'escalier, et nous ne courrons pas le risque de nous égarer.

Au bout d'un moment, ils atteignirent un de ces carrefours qu'en vocabulaire de carriers on appelle un atelier. Sept

ou huit routes différentes s'y croisaient.
C'était un large espace dont le ciel paraissait un peu plus élevé que celui des galeries. De petits piliers, de la construction la plus expéditive et la plus grossière, soutenaient seuls le poids énorme de la voûte. Chacun de ces piliers consistait en cinq ou six moellons, à peine dégrossis, posés l'un sur l'autre, sans mortier ni ciment. On eût dit que les ouvriers inconnus qui avaient creusé ces carrières, se souvenant à temps de la possibilité d'un écrasement, avaient pris au hasard et à la hâte les matériaux qui leur étaient tombés sous la main pour

élever cette maçonnerie économique. En
beaucoup d'endroits elle avait fléchi, et
les moellons avaient éclaté sous la pres-
sion des bancs de pierre supérieurs ;
aussi le ciel de la carrière était-il sil-
lonné de lésardes et semblait-il devoir
s'abîmer à tout instant. Entre ces frêles
appuis s'enfonçaient de sombres excavations où l'on avait entassé les remblais résultant des anciennes exploita-
tions. Tout cela offrait l'image du chaos :
aucune régularité, aucune symétrie n'a-
vait présidé à l'arrangement de ces tra-
vaux. Les galeries, cachées par les piliers, ne pouvaient être trouvées sans

une recherche attentive, et comme toutes se ressemblaient, les méprises étaient d'une effrayante facilité (1).

Les deux amis s'arrêtèrent à l'entrée du carrefour. Tel était le désordre de ce lieu, qu'ils crurent d'abord l'éboulement accompli. Ces amas de matériaux, ces piliers frustres leur paraissaient être le résultat d'une ruine récente. Ils n'osaient passer outre. Pendant cette courte halte,

---

(1) Il va sans dire que cette description de l'état primitif des carrières sous Paris, comme toutes celles que nous aurons occasion de faire plus tard, est aussi exacte que possible.

ils furent frappés du silence lourd et morne qui régnait autour d'eux. On eût cru pouvoir entendre une araignée ourdir sa toile à l'extrémité d'une galerie; mais il n'y avait ni araignée, ni insecte, ni aucune créature vivante dans ces funèbres solitudes, excepté peut-être quelques misérables rats, qui, à défaut de nourriture, devaient être réduits souvent à se dévorer les uns les autres.

Les seuls sons qui parvinssent aux oreilles des visiteurs étaient produits par des gouttes d'eau tombant lentement de la voûte, à longs intervalles.

L'abbé de Chavigny s'empressa d'interrompre ce silence qui le glaçait.

— Nous sommes arrivés, je crois, dit-il, à ce qu'on appelle une étoile; mais j'aime mieux l'Étoile-des-Princes, dans la forêt de Saint-Germain. Il y a peut-être moins de routes qui se croisent, mais il y a plus d'air, de soleil et de sifflements de merles... Eh bien! Philippe, que penses-tu de cet emplacement pour nos presses? Ma foi, notre prote et nos joyeux compositeurs auront besoin de chanter en travaillant pour s'égayer un peu!

— Chavigny, dit Philippe avec exaltation, les premiers chrétiens se réfugiaient ainsi dans les Catacombes de Rome, en attendant que Dieu leur permît de changer la face du monde. Nous autres, libres penseurs, écrivains chargés de répandre les doctrines de l'émancipation, nous sommes persécutés comme les chrétiens de la primitive Église; nous devons attendre comme eux, cachés dans les profondeurs de la terre, que notre heure de triomphe ou de martyre soit venue.

— Sur ma parole! Lussan., ton ami

l'abbé de la Croix ne dirait pas mieux ! Quant à moi, je serais fort embarrassé si je devais composer ici une frétillante épigramme contre la Du Barry ou même un traître sonnet contre le chancelier Maupeou.

— Cet endroit ne convient pas à notre entreprise : la carrière ne présente pas une solidité suffisante ; d'ailleurs, une fois l'escalier découvert, on peut arriver à ce carrefour sans difficultés. Avançons encore.

— Avançons, dit l'abbé.

Mais, avant d'aller plus loin, Philippe

ramassa quelques pierres et les arrangea d'une façon particulière à l'entrée de l'avenue qui conduisait à l'escalier, afin de la reconnaître en cas de nécessité. Cette précaution prise, ils entrèrent dans une galerie large et commode. Toujours même disposition, même aspect : des piliers fragiles soutenant les ciels craquelés, des excavations à demi comblées par des gravois, des gouttes d'eau se détachant de la voûte. Mais ils ne suivirent pas longtemps cette voie : un éboulement considérable fermait le passage; ils durent revenir en arrière pour chercher un autre chemin.

Enfin ils découvrirent un emplacement tel qu'ils pouvaient le désirer. C'était un atelier spacieux auquel on montait par un pente douce. Les piliers et la voûte paraissaient en assez bon état, chose rare dans ces souterrains croulants, abandonnés depuis tant de siècles. Le sol était sec et uni; trois ou quatre couloirs seulement y conduisaient. Les jeunes gens en parcoururent les sinuosités; puis, satisfaits de leur examen, ils vinrent s'asseoir sur des décombres. Leur pénible descente, ces mille détours, cet air épais et chaud qu'on respire dans les vides, leur rendaient nécessaire un moment de repos. La lanterne, posée à terre devant eux, formait une petite sphère lumineuse, en dehors de laquelle restaient les voûtes blanches, les piliers élancés, les anfractuosités et les déchirements de la roche souterraine.

— Ici nous pourrons défier toutes les polices de l'univers, dit Philippe; aucun être humain ne semble avoir pénétré dans ces carrières depuis les temps les plus reculés.

— Hum! cela n'est pas bien sûr. Oublies-tu donc les mirifiques récits de cette babillarde Suzette, dont j'aimerais mieux voir en ce moment le joli minois que tous ces blocs refrognés ?

— Je comprends maintenant, continua Lussan d'un air pensif; ces renversements d'édifices qui consternent Paris depuis quelques mois... Regarde ces fragiles piliers : un seul coup de maillet qui en romprait l'équilibre suffirait pour les renverser, ou même, sans le secours humain, le temps peut aisément détruire ces frêles supports. Aussitôt que le ciel de la carrière fléchit, un éboulement a lieu; et là-haut, à la surface de la terre, les maisons, les temples, les palais peuvent s'enfoncer dans le gouffre.

— C'est pourtant vrai..... Je ferai là-dessus un poème, quoique je n'aime guère le genre élégiaque; et tiens, je veux commencer ainsi :

Il faut un cœur d'airain, un courage d'acier,
Pour descendre au Ténare et..

Philippe ne laissa pas à son pindarique compagnon le temps de trouver le second hémistiche et la rime du vers.

— Autant que je puis m'orienter dans ce système inextricable de galeries, poursuivit-il, nous devons être ici sous les fondations du palais du Luxembourg. Or, cette nuit même, le duc d'Orléans donne une grande fête où doivent se trouver les plus belles et les plus nobles dames de Paris.

— Ainsi l'on danse au-dessus de nos têtes, on écoute une musique délicieuse, dit Chavigny avec une sorte de dépit, on se bourre de gâteaux et de sorbets, tandis que nous..... Tiens, Philippe, pas un mot de plus à ce sujet, ou je renverse le Luxembourg... (1)

Et l'étourdi embrassait le pilier contre lequel il était adossé, comme s'il eût voulu l'ébranler.

— Prends garde, dit Lussan avec un sourire, si tu avais le succès de Samson, tu périrais comme lui.

— Tu crois donc qu'il serait impossi-

(1) Les vides qui se trouvaient autrefois sous le palais du Luxembourg ont été *bourrés*, c'est-à-dire remplis par des massifs de maçonnerie, de sorte qu'aujourd'hui rien ne peut plus compromettre la solidité de ce magnifique édifice.

ble sans faire le sacrifice de sa vie... Et pourtant Suzette a parlé de gens qui hantaient ces carrières.

— Libre à toi, mon cher Chavigny, de partager les opinions de cette fillette : cependant, regarde ces lieux horribles et juge s'il serait possible à des créatures humaines de les habiter. Mais par le ciel ! s'écria Philippe impétueusement en ramassant son épée, qu'aperçois-je là-bas ?

Et il se leva d'un bond. Chavigny,

électrisé par l'appel énergique de son ami, s'empressa de l'imiter.

— Qu'est-ce donc, Philippe? demanda-t-il d'une voix un peu tremblante.

— Là... là... dans cette galerie noire, auprès de ce grand pilier, ne distingues-tu pas une forme humaine? Hausse ta lanterne..... Encore..... Ne vois-tu rien maintenant?

— Quelque chose a remué là-bas dans le passage, mais je n'ai pu reconnaître... Dois-je faire feu de mes pistolets ?

— Garde-t'en bien ; mais il nous importe de savoir à qui nous avons affaire. En avant !..... prends la lumière et suis-moi.

En même temps il s'élança vers le point qu'il avait désigné. Chavigny le suivit. Malheureusement, la galerie où s'était montrée l'apparition opposait bien des obstacles aux recherches. Elle était tortueuse, irrégulière, embarrassée de piliers et de remblais. En sondant du

regard les cavités qui servaient de bas-
côtés au couloir, Philippe crut voir encore un être humain se glisser en ram-
pant derrière les décombres.

— Par ici, Chavigny, s'écria-t-il en
indiquant du geste à l'abbé le poste que
celui-ci devait prendre ; barre-lui le passage... Et vous, qui que vous soyez,
poursuivit-il en s'adressant au personnage inconnu, arrrêtez-vous un instant ;
nous n'avons pas l'intention de vous
faire de mal ; nous voulons seulement
nous assurer... Fatalité !

Ce dernier mot était prononcé avec un accent de terreur que rien ne saurait rendre. Un accident dont Philippe prévoyait toutes les terribles conséquences venait, en effet, d'arriver. Chavigny, en courant précipitamment, s'était heurté contre un tas de gravois et était tombé de sa hauteur. Dans sa chute, la lanterne avait roulé au loin et s'était brusquement éteinte. Les éternelles ténèbres de ces lieux de désolation avaient repris leur empire.

Il y eut un moment de stupeur ; Philippe lui-même, si ferme et si brave, sentit comme une pointe glacée s'enfoncer dans son cœur.

— Chavigny, demanda-t-il enfin d'une voix altérée, mon cher Chavigny, où es-tu ?

— Ici, dit l'abbé qui se relevait avec effort.

— Es-tu blessé ?

— Non pas, que je sache. Mais je cherche cette maudite lanterne et je ne puis la retrouver.

— As-tu donc un moyen de la rallumer ?

— Hélas ! tu sais bien que non.

— Alors, que Dieu nous soit en aide !

Cette espèce de prière, dans ce moment solennel, parut donner une secousse électrique au pauvre petit abbé.

— Philippe, demanda-t-il d'une voix tremblante, est-il donc impossible que nous retrouvions sans lumière l'escalier de la rue de Vaugirard? A mon avis, pourtant, nous ne pouvons nous égarer, grâce à nos précautions.

— Nous essaierons, répliqua Philippe en étouffant un soupir.

Il s'empressa de remettre son épée au fourreau de peur de blesser son ami dans l'obscurité, puis ils se cherchèrent en tâtonnant. Bientôt ils se rejoignirent, et leurs mains se serrèrent avec une vivacité significative.

— Partons maintenant, dit Philippe, le temps peut être précieux.

— Attends encore; je n'ai pu retrouver ma lanterne.

— Eh! de quel usage nous serait-elle à cette heure?... Mais nous ne sommes pas seuls ici, et, dans notre position périlleuse, nous nous devons à nous-mêmes d'invoquer les secours de la personne inconnue que nous poursuivions tout à l'heure.

Il se tourna vers l'endroit où devait

se trouver l'habitant des vides, et reprit en élevant la voix :

— Pouvez-vous m'entendre, vous, la cause première de notre mortel embarras? Pourquoi nous fuyez-vous? Je vous ai dit que nous n'avions aucune mauvaise intention à votre égard... Ne viendrez-vous pas à notre secours? Sans doute vous avez les moyens d'entrer dans ces carrières et d'en sortir quand il vous plaît. Nous laisserez-vous errer au hasard, périr peut-être misérablement? Nous sommes d'honnêtes gens ; nous vous donnerons une récompense convenable pour votre assistance, et, s'il en est besoin, nous vous promettons une discrétion à toute épreuve sur votre présence ici.

Il se tut, et les pauvres jeunes gens prêtèrent l'oreille; rien ne troubla la sombre immobilité, le silence de mort de ces souterrains. Cependant une vague intuition, ces espèces d'effluves magnétiques qui trahissent le voisinage d'une personne invisible, les avertissaient qu'on était à la portée de les entendre.

— Encore une fois, reprit Philippe

d'un ton plus pressant, je vous adjure de nous secourir ! Si méchant que vous soyez, vous ne pouvez faire le mal pour le mal ; fixez vous-même le prix de vos services, et nous nous efforcerons de vous satisfaire.

Il attendit encore, mais il ne reçut aucune réponse.

— Mon ami, demanda timidement Chavigny, es-tu sûr qu'il y eût quelqu'un ici tout à l'heure ?

— Homme, femme ou enfant, c'était

certainement une créature humaine, dit Philippe avec assurance. Que serait-ce donc ?..... Mais tu as vu, toi-même...

— Moi, je n'oserais rien affirmer ; quelque chose a bien passé près de moi, mais avec la rapidité d'un tourbillon.

— Au fait, qu'importe maintenant ? Ne nous arrêtons pas davantage, Chavigny... et si nous périssons, que la responsabilité de notre mort retombe sur la tête de celui qui, pouvant nous secourir, ne l'aura pas voulu !

Ces dernières paroles étaient prononcées d'un ton plus haut, comme si Philippe n'eût pas encore désespéré d'émouvoir l'habitant des vides ; il en attendit l'effet pendant quelques secondes. Toujours même silence, plus terrible que les plus terribles menaces.

Les deux amis se prirent par le bras et avancèrent à tâtons dans la direction de la galerie qu'ils avaient suivie déjà. Après quelques hésitations, ils crurent en avoir trouvé l'entrée. C'était bien la pente douce, le sol, sec et uni qu'ils avaient remarqué en venant. Un rayon d'espoir glissa dans leurs âmes.

CHAPITRE TROISIÈME

III

La promenade souterraine (suite).

Au bout de dix minutes d'une marche lente et prudente, ils atteignirent le carrefour où ils s'étaient arrêtés en premier lieu; mais était-ce bien le même? Ils n'eussent pu l'affirmer, car tous ces carrefours se ressemblent. Certaines observations les confirmèrent pourtant dans cette pensée : d'abord l'écho plus lointain de leurs pas, la facilité plus grande qu'ils trouvaient à respirer, témoignaient d'un vide considérable. Les gouttes d'eau tombaient de la voûte avec ce bruit doux et mélancolique dont ils avaient été frappés tout d'abord. Enfin, ils croyaient sentir encore, dans cet air immobile, les âcres émanations produites par la fumée de leur lanterne quand ils avaient fait halte en cet endroit. Ils ne se trompaient donc pas; et néanmoins, en admettant l'exactitude de leurs suppositions, les difficultés de la situation n'étaient pas moindres.

Nous savons, en effet, qu'un grand nombre de routes venaient aboutir à cet atelier; mais, au milieu de ces angles saillants et rentrants, de ces matériaux entassés, de ces piliers en désordre, comment reconnaître le corridor conduisant à l'escalier de la rue de Vaugirard? A la vérité, Philippe avait laissé un signe pour le retrouver au retour; ce signe consistait en trois fragments de moellons, posés l'un sur l'autre, à l'entrée de la bienheureuse galerie. Mais était-ce possible de distinguer, au seul contact, ces pierres ainsi disposées, des autres pierres dont le sol était jonché? Toutefois, les jeunes gens se mirent à l'œuvre, et ils commencèrent à explorer des pieds et des mains l'espace environnant.

Cet ingrat et pénible labeur dura longtemps; ils devaient étudier, pour ainsi dire, la forme de chaque objet. A tous instants ils se heurtaient, malgré leurs précautions, contre des obstacles inattendus. Ils rencontraient bien des galeries ; mais, comme ils ne trouvaient pas en même temps les trois pierres, signe de reconnaissance, ils poursuivaient leurs recherches avec ardeur.

Plusieurs fois, ils furent obligés de s'arrêter pour prendre un peu de repos. L'abbé de Chavigny surtout, plus faible et plus délicat, paraissait épuisé de fatigue. Il ne se plaignait pas, mais sa main brûlante, sa respiration oppressée, prouvaient que le pauvre garçon était à bout de forces. Philippe l'engageait à demeurer immobile pendant qu'il s'occuperait seul du salut commun; mais Chavigny n'en voulait rien faire et répondait par des railleries. Lussan prêchait donc d'exemple, et de temps en temps ils s'arrêtaient tous les deux, muets, leurs mains entrelacées.

Dans ces intervalles de silence, ils crurent entendre plus d'une fois derrière eux un frôlement léger, une sorte de frémissement passager; mais, sans doute, ce bruit vague ne pouvait avoir pour cause une créature vivante, bien que les deux amis éprouvassent encore l'effet de ce fluide mystérieux émané de l'espèce humaine. La conviction d'abord si profonde de Philippe, sur la réalité de l'apparition, commençait à diminuer; l'ombre d'un pilier, mise en mouvement par la marche de la lanterne, était peut-être le principe d'une illusion. Que pouvait faire un homme dans ces carrières? Comment lui serait-il possible d'errer ainsi au milieu des ténèbres? Dans quel but suivrait-il les malheureux jeunes gens perdus? S'il avait contre eux de mauvais desseins, comme son silence permettait de le supposer, il fallait simplement les abandonner à leur sort, assez affreux par lui-même.

Quant à Chavigny, ses réflexions prenaient un cours différent. Avant de vivre au milieu de Paris incrédule et moqueur, il avait eu une jeunesse pieuse. La fatigue physique aidant, le cours de ses pensées était complétement bouleversé ; il oubliait ses lectures philosophiques, il revenait à la foi naïve de ses premières années. Les récits de Suzette, si divertissants au grand jour, devant une table de cabaret, le frappaient de terreur maintenant. Il se croyait au pouvoir d'un démon de la nuit, d'un *genius loci*, préposé à la garde de ces redoutables souterrains. La fièvre donnait à ces hallucinations une force nouvelle ; il tressaillait fréquemment ; il croyait sentir sur sa tête le souffle froid et silencieux, qui, d'après la Bible, trahit le passage des esprits et hérisse les cheveux. Il lui fallait une volonté presque héroïque pour conserver le sangfroid nécessaire à sa position.

Cependant la Providence réservait une grande joie aux pauvres égarés. Philippe poursuivait ses recherches ; il découvrit l'entrée d'une galerie, et en se baissant il toucha, ô bonheur! deux ou trois pierres semblables à celles qui devaient servir de point de reconnaissance. A la vérité, la disposition n'était pas absolument la même; mais l'un ou l'autre, en errant dans les ténèbres, avait pu les déranger à son insu. Comme il leur restait des doutes, ils hésitaient à s'engager dans cette galerie, craignant de s'égarer sans ressources.

Ils tinrent conseil un moment, sans savoir à quoi se résoudre. Tout à coup Philippe fut frappé d'une idée.

— Chavigny, demanda-t-il, as-tu encore tes pistolets?

— Sans doute ; mais à quoi bon? Ceux qui sont à portée de nous voir ou de nous entendre ne redoutent pas ces armes terrestres !

— Il ne s'agit pas de cela. Si rapide que soit l'explosion, la flamme de la poudre nous permettra de jeter un coup d'œil sur l'endroit où nous sommes, de nous assurer si nous ne nous trompons pas.

— C'est juste ; je ne songeais pas à cela.

— Eh bien ! donne-moi un de tes pistolets ; nous allons nous adosser l'un à l'autre de peur d'accident. Au moment où le coup partira, je regarderai dans la galerie ; toi, tu regarderas du côté du carrefour. Voyons ! es-tu prêt ? Je vais compter trois, et au troisième coup je tirerai. Ouvre bien les yeux, mon pauvre abbé, car un regard peut nous sauver.

— Je t'attends.

— Un... deux... trois.

Un éclair subit illumina les galeries, les piliers, les cavités sombres, et une épouvantable explosion, suivie presque aussitôt de la chute de plusieurs pierres, se prolongea d'échos en échos dans la profondeur des souterrains. Mais tous ces bruits furent dominés par un cri perçant de Chavigny.

— Qu'est-ce donc? demanda Philippe en s'efforçant de chasser l'épaisse fumée qui menaçait de les suffoquer dans cet endroit bas et sans air ; qu'as-tu vu ?

— Là, là, balbutia l'abbé; devant moi... à dix pas... une figure hideuse... un homme presque nu, appuyé contre un pilier... des yeux de démon !

— Ah çà, l'abbé, vas-tu devenir visionnaire aussi? Mais j'oublie, mon pauvre garçon, que tu as la tête en feu et que ton imagination malade... Voyons, tâche de te remettre ; as-tu reconnu le carrefour qui avoisine l'escalier?

— Je ne sais... je ne puis rien dire... cette figure épouvantable...

— Eh bien ! pour ma part, je n'ai pas reconnu les pierres que j'avais choisies moi-même.

Cette sinistre nouvelle parut un peu secouer la torpeur de Chavigny.

— En es-tu sûr? demanda-t-il avec effort; ne nous reste-t-il plus d'espoir?

— Plus d'espoir! non sans doute; l'espoir ne m'abandonnera pas tant que nous serons vivants. Mais nous devons changer notre mode de perquisitions : au lieu de perdre un temps précieux en tâtonnements, il faut nous engager dans les plus larges galeries et avancer aussi vite que nous pourrons. Les carrières doivent avoir un grand nombre de regards dans l'intérieur de Paris ou dans la campagne ; je sais aussi qu'un certain nombre de puits descendent jusqu'à ces souterrains ; le hasard peut nous conduire à l'une de ces issues ; le bruit le plus léger, un courant d'air plus vif, un rayon lumineux échappés de la voûte deviendront pour nous des moyens de salut. Courage donc, mon cher Chavigny ; notre énergie, notre activité, nous sauveront. Mais auras tu la force de me suivre ?

— La nécessité me soutiendra, dit le pauvre petit abbé avec effort ; je ne voudrais pas mourir ici. Profitons du peu de vigueur qui me reste encore. Mais, avant d'aller plus loin, si nous essayions d'appeler ? nous ne savons pas qui peut nous entendre!

— Je le veux bien, dit Philippe de

Lussan aeec cette complaisance qu'on a pour les caprices d'un malade.

Et tous les deux, réunissant leurs voix, poussèrent de bruyants appels. Leurs cris, répercutés par la voûte basse et abrupte, s'éteignirent aussitôt ; seulement, quelques ondulations sonores s'égarèrent dans les corridors où de faibles échos les répétèrent comme en se jouant, puis tout retomba dans un silence funèbre. Ils répétèrent plusieurs fois cette épreuve, mais toujours sans résultat. Comment, en effet, leurs voix eussent-elles pu percer une croûte de pierre de quatre-vingts pieds d'épaisseur, chargée de pesants édifices, pour atteindre le domaine des vivants.

— Tu le vois, dit Lussan, il ne faut pas compter sur ce moyen; l'autre nous réussira mieux peut-être.

— Marchons donc, dit l'abbé avec courage.

Ils se donnèrent le bras et s'enfoncèrent d'un pas rapide dans la première allée qui se trouva sur leur chemin.

CHAPITRE QUATRIÈME

IV

Angoisses.

Pendant plusieurs heures, les deux amis errèrent au hasard, et ils pensaient avoir fait plusieurs lieues. Peut-être, comme il arrive souvent en pareille circonstance, avaient-ils constamment tourné dans le même cercle ; quoiqu'il en fût, ils ne découvrirent rien qui ressemblât à une issue ; aucun rayon lumineux, tombant de la voûte, ne vint réjouir leurs yeux fatigués d'obscurité. Les carrières semblaient avoir toujours les mêmes dispositions : des ateliers plus ou moins vastes soutenus par des piliers délabrés, étaient réunis par de nombreux couloirs bas et étroits. Souvent des éboulements obligeaient les pauvres jeunes gens à revenir sur leurs pas. En quelques endroits, ils marchaient dans l'eau, qui devait à certaines époques de l'année, inonder les galeries basses ; mais ils ne se plaignaient pas de cette incommodité, car ils pouvaient se servir du moins de cette eau limpide et claire pour apaiser la soif ardente qui les dévorait.

Tout en marchant, ils ne négligeaient pas de pousser de grands cris par intervalles, dans le vague espoir d'être entendus à la surface du sol. Une ou deux fois ils crurent distinguer un lourd roulement de voiture au-dessus de leur tête ; sans doute ils passaient sous une voie publique, et quelque charriot de jardinier se rendait au marché. Mais ce voisinage des hommes augmentait encore leur anxiété. Une autre fois, en s'arrêtant tout à coup, ils crurent entendre clapoter l'eau d'une mare qu'ils venaient de traverser, et ils eurent de nouveau la pensée qu'ils étaient suivis; mais ils réfléchirent qu'une pierre, un grumeau de sable, dont leur passage venait de déranger l'équilibre, avait sans doute causé ce bruit, et ils continuèrent tristement leur chemin.

Pendant la dernière heure de cette marche aventureuse, Chavigny n'avançait qu'avec une extrême difficulté. Ses jambes se dérobaient sous lui ; quand il voulait crier, sa voix était faible et éteinte. Il s'arrêtait fréquemment ; mais les encouragements affectueux de Philippe le décidaient toujours à tenter un dernier effort. Sans le secours de cette eau limpide qu'il rencontrait par intervalles et qu'il puisait dans le creux de sa main pour rafraîchir sa gorge desséchée et son front brûlant, il n'eût pu supporter si longtemps de pareilles fatigues. Enfin, pourtant, le malheureux abbé se sentit incapable d'aller plus loin ; il s'affaissa sur lui-même et dit d'un ton brisé :

— C'est assez, mon cher Philippe, je ne saurais faire un pas de plus... Laisse-moi mourir paisiblement ici. Pour toi, qui as encore autant de vigueur que de courage, tu peux continuer ton chemin ; tu finiras par découvrir une de ces issues que nous avons vainement cherchées jusqu'ici. Dans ce cas, reviens me prendre ; peut-être me trouveras-tu encore vivant ; sinon, pense quelquefois à ton pauvre Chavigny, et pardonne-lui la faute qu'il a commise en t'entraînant imprudemment dans ces affreuses carrières.

— Ne parle pas ainsi, mon ami ; si

j'avais cru le danger aussi grand, n'aurais-je pas dû t'imposer ces précautions que nous avons eu la folie de négliger ? Nous sommes aussi coupables l'un que l'autre, ou plutôt la fatalité nous poussait. Mais allons, sois homme ; tâche de te relever et de tenter encore un effort. Peut-être ne sommes-nous qu'à deux pas de notre salut !

— Philippe, c'est à la lettre que je ne peu plus me soutenir ! chaque pas me cause d'intolérables tortures. Peut-être le repos me rendra-t-il des forces, et alors... Mais à quoi bon ! ici ou plus loin, ne faudra-t-il pas toujours s'arrêter? Cette immobilité me semble pleine de douceur... Laisse-moi ; tu peux encore te sauver, toi ; tu as un corps de fer, tu résisteras à la fatigue, à la faim. Allons, donne-moi une poignée de main, ou plutôt embrasse-moi..... et adieu.

— Je ne te quitte pas, Chavigny, dit Philippe avec résolution ; nous partagerons le même sort ; si tu meurs, je mourrai..... et, comme tu dis, autant ici qu'ailleurs !

Il s'assit à côté de son ami. Au bout

d'un moment de calme profond, le petit abbé parut se ranimer ; il reprit d'un ton tragi-comique :

— Sais-tu à quoi je pense, Philippe ?

— A quoi donc, mon pauvre Chavigny ?

— Je suis maigre et chétif; cependant, je serai peut-être une ressource pour toi quand la faim deviendra trop pressante...

— Tu te trouves mieux, Chavigny, puisque tu peux plaisanter dans la position où nous sommes.

— Je ne plaisante pas... On raconte des choses si horribles des effets de la faim !

— Laissons cela. J'ai mon épée, et si mes souffrances devenaient intolérables, je saurais bien les faire cesser.....
Mais à quoi bon ces lugubres conversations? Elles usent les forces et affaiblissent le courage.

Ils se turent de nouveau. Après quoi Chavigny parut éprouver un redoublement d'agitation ; sa respiration était haletante.

— Lussan, dit-il enfin en se rapprochant de son ami, parlons encore... parlons, de grâce... Ce silence me fait peur et mes réflexions me tuent !

— J'y consens ; mais que pouvons-nous dire ?

— N'importe ! parle-moi..... Causer,

c'est vivre... Tiens, Philippe, causons de notre enfance dont, je ne sais pourquoi, les souvenirs me reviennent en ce moment plus vifs et plus riants que jamais.

— C'est le résultat du désespoir et du délire! pensa Philippe.

Mais il ne répondit pas, et se contenta de pousser un profond soupir

— Oui, nous étions heureux, continua l'abbé, quand nous courions en-

semble dans les avenues séculaires de
Lussan ou sous les charmilles touffues
de Grosbois, la maison de campagne de
mon oncle. Rappelle-toi, Philippe, la
promenade que nous fîmes un jour au
bord de la mer avec nos précepteurs ;
quel plaisir nous trouvions à ramasser
des coquillages roses dans le sable, à
prendre des crabes agiles sous les ga-
lets! Comme la mer était blonde et ca-
ressante, ce jour-là! comme le soleil se
montrait radieux sur les falaises de notre vieille Normandie! Mais au retour,
je fus bien grondé par mon oncle pour
avoir coiffé un de nos chevaux avec la

perruque du bon abbé Chauvel, mon précepteur. Oui, ce fut une verte mercuriale ; mais, si j'ai bonne mémoire, tout en me grondant, l'excellent évêque avait peine à s'empêcher de rire. Ah ! comme je l'aimerais, mon digne oncle, s'il ne s'obstinait à vouloir faire de moi un ecclésiastique ? Je l'ai quitté et peut-être ne le reverrai-je plus ! Mais il était si bon ! De quels soins affectueux il entourait mon enfance ! A ton tour, parle-moi donc, Philippe ; n'as-tu pas aussi de joyeux et frais souvenirs à évoquer ? Cependant, tu étais bien heureux alors ; tu avais une mère, une jeune et belle dame veillait sur toi comme un ange gardien !

— Mais l'ange est allé au ciel, Chavigny, répliqua tristement Philippe, et, de ce jour, toutes les joies de mon enfance ont été finies. Déjà, quand il était près de moi, j'avais senti la pointe acérée de la douleur; de là me vient cet esprit sérieux que tu me reproches parfois, comme je te reproche ton étourderie.

— Que me dis-tu, Philippe ? Toi si noblement doué, toi un objet d'envie pour tout ce qui t'approchait, tu connaissais déjà le chagrin? Nul ne semblait mieux fait pour les jouissances du monde que Philippe de Lussan.

Ici un bruit léger, presque insaisissable, s'éleva non loin des causeurs. Ils prêtèrent l'oreille; le bruit ne se renouvela pas.

— As-tu entendu? demanda Chavigny.

— Ce n'est rien... Il est malheureusement trop certain que nous sommes seuls dans ces carrières !..... Mais revenons à notre conversation... Ainsi donc, Chavigny, tu trouvais autrefois mon sort digne d'envie ?

— Pourquoi non ! Beau, riche, destiné aux honneurs et à la fortune, adoré par ta mère, que pouvais-tu désirer de plus ?

—Je te l'ai dit, Chavigny, ma mère a été la cause de mes premières douleurs comme de mes premières joies ; je crois voir encore sa figure céleste penchée sur mon berceau! Elle me souriait, puis elle pleurait; elle me comblait de caresses, puis elle me repoussait tout à coup avec une sorte d'effroi... Je ne sais quelles souffrances intérieures la minaient sourdement; je la vis dépérir, puis elle mourut; elle n'avait que vingt-deux ans! Je l'ai pleurée toute ma vie... Quant à mon père, c'est horrible à dire, mais dans ce moment solennel où nous sommes au confessionnal de notre conscience, j'épancherai mon secret dans le cœur de mon dernier, de mon meilleur ami... Mon père, je ne l'aime pas, je ne l'ai jamais aimé.

— Est-il possible, Philippe, toi si juste et si bon?

— J'ai honte de cet aveu, Chavigny, mais rien n'est plus vrai... M. de Lussan était l'auteur du chagrin qui a tué ma belle et tendre mère à la fleur de l'âge. Un mot, un regard de lui la faisaient pleurer; elle s'enfuyait alors dans sa chambre; elle n'en sortait plus pendant des journées entières. D'ailleurs je connaissais à peine M. de Lussan; il n'a jamais prodigué ni soins ni caresses à mon enfance. Déjà, du temps de ma mère, il venait rarement au château; il habitait ordinairement Paris, où le retenaient ses goûts de dissipation. Ma mère morte, il ne revint plus à Lussan. Il me laissa confiné, avec mon gouverneur, dans cette vieille et triste demeure, ou souvent nous manquions du nécessaire, car, tu le sais, M. de Lussan est joueur. Heureusement il pouvait s'en remettre à mon gouverneur du soin de mon éducation : c'était un homme grave, de mœurs austères, nourri de fortes études, dominant toutes choses du haut de sa raison et de son expérience. Je lui dois de ne pas m'être souillé aux infamies, aux corruptions de notre temps ; je lui dois ces principes inflexibles qui seront la règle constante de ma vie, et que j'appliquerai rigoureusement aux événements et aux hommes... Mais, ajouta-t-il avec amertume, je parle comme si la tombe où nous sommes ensevelis vivants devait jamais se rouvrir !

— Et pourquoi ne se rouvrirait-elle pas pour toi? s'écria Chavigny dans l'exaltation de la fièvre; pourquoi ton avenir serait-il brusquement fermé, à toi qui es né pour toutes les félicités et toutes les gloires? Courage, Philippe! ne t'abandonne pas toi-même... Pars, ne t'embarrasse plus de moi ; songe à la charmante Thérèse de Villeneuve, que tu aimes, je le sais, et qui t'aime aussi sans doute...

— Elle m'aime, Chavigny, dit Philippe de Lussan avec feu, et cet amour eût pu faire le charme de ma vie ; mais Thérèse est perdue pour moi... J'ai refusé sa main il y a quelques heures, et j'ai rendu moi-même insurmontables les obstacles qui nous séparent !

— Que me dis-tu là, Philippe ? Mon Dieu, sans doute ma raison s'égare, et je n'ai plus la force de te comprendre.

— Ce n'est ni le lieu ni l'heure des explications... Laisse-moi plutôt, poursuivit Philippe en rêvant, songer que Thérèse me regrettera, me pleurera... Quand j'aurai disparu tout à coup de la surface de la terre, mon souvenir s'effacera rapidement de la mémoire des hommes. Demain, dans deux jours peut-être, ceux qui m'ont connu m'auront oublié... Mais elle, ma Thérèse, elle pensera encore à moi quand le faible vestige de mon passage dans le monde se sera pour toujours effacé. J'aurai dans son cœur un temple où elle conservera mon image... Oui, puisque nous devons vivre séparés l'un de l'autre, il vaut mieux peut-être que les choses soient ainsi ; Dieu est plus sage que nous. Mon souvenir s'épurera par l'absence; il se dégagera de tout élément terrestre; il rayonnera dans son âme comme une étoile d'amour...

— Les étoiles ! balbutia Chavigny ; oh! voir les étoiles... le soleil!

Entraîné par ses réflexions, Philippe

ne songeait plus à son ami, quand l'accent particulier de ces dernières paroles attira son attention. Il étendit la main; Chavigny, tout frémissant, venait de s'affaisser à ses pieds.

— Au nom du ciel! qu'as-tu donc? demanda-t-il avec épouvante; te sens-tu plus mal?

— Je ne sais... mais je voudrais revoir le soleil... Oh! la vie, la vie! je ne ne veux pas mourir!

Et de bruyants sanglots s'échappèrent de sa poitrine.

— Repose-toi, dit Philippe en soulevant la tête de son ami et en l'appuyant sur ses genoux ; la fatigue et l'émotion te donnent le délire... Mais il frisonne, son front est humide et froid... Comment le secourir ?

Il ôta son habit et en couvrit l'abbé ; puis il le prit dans ses bras et essaya de le réchauffer contre son cœur. Chavigny se laissait faire comme un enfant ; il poussait seulement un murmure bas et étouffé. Bientôt, appuyant sa tête sur l'épaule de Philippe, il tomba dans une somnolence pénible, entrecoupée de tressaillements convulsifs.

Une heure s'écoula encore. Les souffrances de son compagnon avaient plus abattu Philippe que la conscience de ses propres misères. Il ne pensait plus; une sorte de stupeur assez semblable à de l'hébétement s'était emparée de lui. Il tenait toujours Chavigny dans ses bras et n'osait remuer, de peur de troubler le précieux sommeil du pauvre malade.

CHAPITRE CINQUIÈME

V

Angoisses (suite).

Une circonstance nouvelle vint le tirer de sa profonde atonie. Il entendit distinctement les sons lointains d'une musique religieuse, des psalmodies répétées par un grand nombre de voix. On se taisait par intervalles ; mais bientôt les voix et la musique reprenaient au milieu du silence des vides.

Philippe secoua doucement l'abbé.

— Chavigny, lui dit-il, entends-tu? on dirait d'un chant d'église. Si tu faisais un effort, nous essayerions d'avancer.

Le pauvre dormeur, accablé par la fatigue, ne s'éveilla pas, mais il serra faiblement ses bras autour du cou de Philippe en balbutiant :

— Mon bon oncle, je suis heureux. Nous sommes réconciliés. Le parc de Grosbois... des fleurs... des oiseaux... le ciel...

Philippe n'eut pas le courage de troubler ces rêves agréables. Aussi bien, les chants venaient sans doute de quelque chapelle souterraine qui n'avait aucune communication avec les carrières, et de pénibles recherches n'eussent produit aucun résultat. Il ne renouvela donc pas ses tentatives pour rappeler le malheureux jeune homme au sentiment de la réalité, et continua de le soutenir en murmurant :

— Ne lui envions pas le seul bonheur qu'il puisse goûter maintenant !

Chavigny continua de dormir, et les sons ne tardèrent pas à s'éteindre.

Tout à coup, Philippe, bannissant les précautions presque maternelles qu'il avait montrées jusque-là pour le malade, se mit à le secouer avec rudesse.

— Alerte, mon ami! alerte! s'écria-t-il; une lumière! Il y a quelqu'un dans ces carrières!... Regarde là-bas!... Chavigny, réveille-toi! nous sommes sauvés!

Puis élevant la voix avec une vigueur surnaturelle :

— Par ici! au secours! par ici?... Au nom de Dieu, ne nous abandonnez pas!...

En effet, à l'extrémité d'une galerie qui s'étendait à perte de vue apparaissait un point rouge et lumineux. Cette lumière semblait immobile, bien que sans doute elle fût en mouvement.

— Par ici! répétait toujours Philippe de sa voix de stentor.

En même temps, il disait, en soutenant Chavigny qui ne pouvait rester debout :

— De grâce, reviens à toi. Une minute de retard peut nous perdre... Courage! courage!

— Où suis-je ? demanda le pauvre abbé.

— Dans les carrières de Paris... Notre mort était certaine, mais Dieu veut nous sauver... Vois cette lumière ! Il y a là-bas quelqu'un qui peut nous secourir. Marchons, si la vie t'est chère ; fais un effort ou nous périrons.

Les perceptions de Chavigny n'étaient pas bien nettes encore, cependant ce moment de sommeil avait abattu la fièvre et rafraîchi son sang. Il obéit machinalement à l'impulsion qu'on lui donnait. Bientôt la marche ranima ses esprits, la mémoire et l'intelligence lui revinrent, il courait avec cette ardeur que donne le sentiment d'un pressant danger.

La lumière paraissait toujours être à la même place, mais il était impossible de voir celui qui la portait, et on ne répondait pas aux appels de Philippe. Les deux amis, malgré leur impatience d'arriver, n'avançaient qu'avec lenteur. Il ne leur était pas facile de suivre la ligne droite dans l'obscurité, quoique toujours leurs yeux demeurassent fixés sur le

petit phare qui leur annonçait le salut.
Ils se meurtrissaient contre les angles
des galeries ou contre les piliers des
carrières ; souvent aussi des amas de décombres, invisibles dans l'obscurité,
embarrassaient leurs pas. Alors Philippe, pour aller plus vite, emportait
son compagnon dans ses bras, sans
cesser d'appeler de sa voix retentissante,
à laquelle Chavigny mêlait parfois son
fausset.

Cette course dans les ténèbres dura
plus d'un quart d'heure. La lumière restait décidément stationnaire. On avait

sans doute entendu les malheureux égarés, quoiqu'on ne jugeât pas à propos de
leur répondre. Enfin ils approchaient de
la partie des vides éclairée par le flambeau ; ils s'efforçaient de distinguer la
personne inconnue qui les attendait peut-
être afin de les assister. Leurs cœurs
battaient de joie et d'espérance. Ils ne
parlaient plus, ils ne criaient plus :
toutes leurs forces, toutes leurs facultés
étaient employées à précipiter leur marche. Le but était là devant eux, ils le
voyaient, ils croyaient pouvoir le toucher en étendant la main... qu'on juge
de leur douleur, de leur effroi, quand la

lumière disparut brusquement à leurs yeux.

Tous les deux poussèrent à la fois une sorte de rugissement.

— Attendez-nous! s'écria Philippe. Si vous êtes homme, si vous êtes chrétien, ne nous livrez pas à une mort certaine !

— Attendez-nous ! attendez-nous ! répéta le pauvre abbé d'un ton lamentable.

Mais cette fois encore on se tut,

et l'obscurité continua de régner autour d'eux.

Cependant l'individu mystérieux, qui venait ainsi de tromper leur attente, ne pouvait être loin. Ils se hâtèrent d'avancer avec l'espoir de l'atteindre et de l'obliger, s'il le fallait, à leur servir de guide, ils se familiarisaient avec les ténèbres ; d'ailleurs ils étaient engagés dans un couloir droit et uni, qui n'était pas bordé de piliers. Aussi la disparition de la lumière ne ralentit-elle pas sensiblement leur course, et ils se lançaient en avant, au risque de se briser le front contre quelque obstacle imprévu.

Leur constance fut bientôt récompensée : ils revirent la lumière au bout d'une galerie qui coupait la première à angle droit. Cette fois encore elle était immobile ; un pouvoir surnaturel semblait l'avoir transporté là.

— Que signifie cela et quel jeu jouons-nous ? dit Philippe avec un mélange d'étonnement et de colère ; trouve-t-on que nous ne mourrons pas assez vite, et veut-on épuiser le peu de forces qui nous restent encore ?

L'abbé n'éprouvait que de la joie.

— Lussan, dit-il, cette galerie n'est pas très longue; nous serons bientôt au bout et nous saurons alors si nous avons affaire à des amis ou des ennemis.

Ils se remirent en route. Mais cette portion des vides était en très mauvais état; des pierres, des décombres, des flaques d'eau se rencontraient à chaque pas. Aussi, quoique le trajet fût plus court que le premier, demanda-t-il beaucoup plus de temps. Enfin, les deux amis, triomphant des difficultés, atteignirent un couloir où leur marche devait être sûre et prompte. Ils se réjouissaient déjà de ce résultat quand la lumière disparut de nouveau.

Philippe lui-même ne put retenir une imprécation contre le génie cruel qui les persécutait ainsi. Chavigny éprouva une sorte de vertige.

— Lussan, dit-il en écumant de rage, il me reste un pistolet chargé... je vais tirer sur ce misérable, homme ou démon ! Il ne peut être loin ; il est sans doute à quelques pas de nous, riant de nos lamentations et de nos tortures ! Si je le manque, tiens-toi prêt avec ton épée à te précipiter sur lui... tuons-le ; il faut le tuer, te dis-je !

Mais le premier moment passé, Philippe revint à ses idées de prudence ordinaire.

— Calme-toi, Chavigny, reprit-il : nous ne connaissons pas encore les projets de cet homme... Quoiqu'il paraisse s'éloigner de plus en plus de l'escalier de la rue de Vaugirard, continuons à le suivre... surtout abstiens-toi de menaces, elles pourraient l'irriter. Sans doute au premier détour de cette galerie nous le reverrons.

— Mais je n'ai plus la force de marcher... Il vaut mieux le tuer.

— Eh! si lâche et méchant qu'il soit, à quoi sa mort nous servirait-elle?

— Nous nous emparerions de sa lumière et nous pourrions sortir d'ici, répliqua Chavigny d'une voix sourde.

Philippe comprit que l'abbé n'avait plus l'esprit assez libre pour juger sainement de la situation. Il n'essaya donc pas des raisonnements inutiles ; mais, saisissant la main de Chavigny, il l'entraîna d'autorité.

Ainsi que Lussan l'espérait, ils revirent la lumière au détour du corridor, et ils recommencèrent à la suivre. Quatre fois encore elle disparut pour reparaître bientôt à des distances inégales : c'était comme ces feux-follets insaisissables qui voltigent la nuit dans les contrées marécageuses. Chavigny ne menaçait plus; ses idées supertitieuses étaient revenues, autant du moins qu'il pouvait avoir des idées dans l'affreuse prostration physique et morale où il était tombé. Ce qui leur arrivait en effet était bien capable de confondre la raison. Comment un être humain pouvait-il s'amuser de leurs mortelles angoisses? Que voulait-il? Pourquoi ne les conduisait-il pas sans retard à quelque précipice, à quelque abîme comme il s'en trouvait dans ces carrières? Et d'ailleurs, où était-il? Pourquoi ne se laissait-il ni voir ni entendre? Cette lumière pâle et sans rayons semblait se transporter seule, tantôt à droite, tantôt à gauche. On marchait, on marchait toujours, et quand on croyait la toucher, elle s'évanouissait, semblable à ce bonheur rêvé par tous les hommes qui meurent avant de l'atteindre.

Cette poursuite courageuse parut bien longue aux malheureux égarés. Brisés par les chutes et les contusions, les pieds mouillés, les vêtements couverts de boue, ils avaient peine à se traîner. Depuis longtemps ils ne pouvaient plus crier, leurs appels précédents ayant cassé leur voix. Philippe, malgré sa vigueur, se trouvait dans un état peu différent de son compagnon. Ses efforts pour soutenir Chavigny toujours chancelant avaient égalisé la fatigue. Les articulations de ses membres étaient raidies et douloureuses, la sueur découlait de son front. Le moment était proche où il ne pourrait même plus trouver dans son énergie morale une compensation à ses forces épuisées.

Enfin la lumière apparut à une si grande distance, que Chavigny refusa d'aller plus loin. Parler eût été une trop grande souffrance ; mais il fit comprendre sa pensée en se laissant tomber à terre et en repoussant son ami qui voulait le relever.

— Chavigny, encore un pas, le dernier ! dit Philippe ; cette galerie paraît sèche et commode ; quand nous serons au bout, si nous n'atteignons pas ce flambeau maudit, nous y renoncerons, je te le promets !

— A quoi bon? nous sommes tombés au pouvoir de l'esprit du mal, je veux mourir ici.

Philippe le laissa reprendre haleine ; lui-même s'assit à ses côtés. La lumière, pendant cette halte, restait immobile comme eux. Enfin Philippe se leva.

— Allons, Chavigny, dit-il impérieusement, viens, je le veux.

Il le remit sur pied, et Chavigny, subjugué par cette même volonté, obéit en chancelant.

Ce trajet fut le plus pénible de tous, quoique la route, comme nous l'avons dit, fût plane et facile. Il fallait s'arrêter

de minute en minute; pour avancer,
Chavigny devait s'appuyer d'un côté sur
sur le bras de Philippe, de l'autre à la
paroi de la carrière. Mais une circonstance nouvelle ne tarda pas à les ranimer : c'était que la lumière ne s'était
pas encore autant laissé approcher, et
chaque pas diminuait la courte distance
qui les en séparait. Ils tremblaient toujours de la voir disparaître, comme elle
avait fait tant de fois ; mais elle ne bou-
geait plus.

Au moment d'entrer dans la partie
éclairée des vides, les deux amis, tout

à l'heure si faibles et si abattus, se mirent à courir avec rapidité. Ils ne s'étaient pas communiqué leur pensée ; ce mouvement était irréfléchi, spontané, machinal ; ils s'élancèrent en avant avec impétuosité, de peur qu'on ne leur enlevât encore cette flamme errante, cause de tant d'angoisses et de tant de joies.

Leurs craintes étaient vaines, le phare ne devait plus s'éteindre, leur espoir ne devait plus s'envoler. En quelques bonds ils atteignirent la bienheureuse lumière.

Qu'on juge de leur étonnement et de leur joie : cette lumière, c'était leur propre lanterne que Chavigny avait perdue dans sa chute. Elle était posée sur la première marche d'un escalier qu'ils reconnurent tout d'abord pour celui de la rue de Vaugirard. Ils étaient sauvés !

Par un mouvement aussi spontané, aussi instinctif que le premier, les jeunes gens se jetèrent dans les bras l'un de l'autre.

— C'est un miracle, mon ami, c'est

un prodige ! balbutia Chavigny hors de lui.

Mais Philippe reprit aussitôt son calme habituel et promena autour de lui un regard scrutateur. Il n'aperçut personne; la lanterne qu'ils avaient laissée au fond de la carrière semblait s'être rallumée seule, s'être promenée seule dans les détours infinis des souterrains, s'être arrêtée seule sur la première marche de cet escalier, qui montait à la terre, à l'existence, à la société humaine.

— Non, ce n'est pas un miracle, dit

Philippe en élevant la voix de manière à être entendu de loin ; nous sommes sauvés par une personne dont nous avions méconnu les bonnes intentions. Que Dieu récompensé notre invisible protecteur, si nous ne pouvons le récompenser nous-mêmes !

— Oui ! oui ! que Dieu le récompense ! s'écria Chavigny ; puissent toutes les bénédictions du ciel descendre sur lui !

Ces expressions de gratitude ne reçurent pas plus de réponse que les imprécations. Les deux amis, après avoir attendu quelques instants, ne surent plus maîtriser leur impatience. Ramassant la lanterne, dont la bougie était aux trois quarts consumée, ils gravirent l'escalier rapidement, bien que leurs jambes parussent à chaque pas devoir se dérober sous eux.

CHAPITRE SIXIÈME

VI

Salvien-aux-Lunettes.

Au moment où les deux amis atteignirent le niveau de la rue, il était grand jour depuis longtemps ; leurs oreilles, habituées au silence des carrières, furent tout à coup charmées par ces mille sons qui forment la voix du Paris populeux. Chavigny, ravi de se retrouver parmi les vivants, s'empressa de prendre le chemin de sa chambre, sans songer à refermer la cave, où l'entrée béante des souterrains pouvait exciter la curiosité des locataires de la maison. Mais Philippe, beaucoup plus calme, répara cette omission, s'empara de la clé et suivit son compagnon qui montait lestement en dépit de ses mortelles fatigues.

L'abbé vint tomber à plat ventre sur son lit et y demeura immobile pendant quelques minutes, tandis que Lussan, à peine moins épuisé, se jetait dans une bergère. Tous les deux parurent d'abord jouir de leur délivrance inattendue, se baigner dans la lumière, se délecter de bruit; puis, l'abbé, ne trouvant pas sans doute ces jouissances assez positives, fit un effort de courage pour se relever. Il se dirigea, en s'appuyant aux meubles, vers un placard, et en tira une excellente bouteille de bordeaux, des gâteaux, des biscuits et deux verres. Il but un triple coup, et Philippe l'imita; puis il attaquèrent les comestibles; en un clin d'œil les assiettes furent vides. Pendant cette opération, pas un mot n'avait été prononcé.

— Hein! Philippe, dit enfin l'abbé avec un sourire, cela vaut mieux que du Chavigny cru et probablement un peu coriace. Je l'ai échappé belle!

Lussan sourit à son tour d'un air distrait et regarda la pendule en rocailles qui décorait la cheminée.

— Six heures du matin! dit-il; avons-nous passé si peu de temps dans ces affreuses carrières ?

— Es-tu sûr que ce ne soit pas six heures du soir? Mais non, madame Courcaillet, qui prend soin de mon petit ménage, ne m'a pas encore apporté mes provisions. J'aurais cru que nous avions passé trois jours entiers dans ces trous noirs!... Mais, bon Dieu ! mon pauvre Lussan, comme te voilà fait !

— Et toi-même, Chavigny, tu ne t'es pas vu encore ?

En effet, la toilette des deux amis était dans le plus déplorable état. Une épaisse couche de boue recouvrait leurs vêtements ; leurs cheveux dépoudrés pendaient en mèches humides sur leurs tempes; leurs souliers étaient pleins d'eau.

— Nous sommes galamment accommodés? dit Chavigny d'un ton piteux. Eh bien! mon ami, le meilleur parti que nous ayons à prendre est de nous coucher, l'un sur ce sofa, l'autre sur le lit, et de dormir à la grâce de Dieu, jusqu'à ce que nous soyons remis de nos fatigues. Pendant ce temps nos habits sécheront.

— Couche-toi, mon pauvre abbé, tu dois avoir besoin de sommeil... Maintenant, tu es pâle comme un cadavre, tes yeux se ferment malgré toi... Quelques heures passées au lit te remettront sans doute. Quant à moi, le peu de nourriture que je viens de prendre, ce moment de repos, la certitude d'avoir échappé à d'immenses dangers, m'ont subitement rétabli. Je songe que si la presse reste encore chez moi pendant une journée, elle sera saisie. Un affidé de la police, que connaît l'abbé de la Croix, m'en a secrètement prévenu. Je vais donc aviser aux moyens de transporter sans retard tous nos ustensiles dans les galeries souterraines que nous venons de visiter.

— Que dis-tu? s'écria l'abbé en frissonnant; tu voudrais remettre les pieds dans ces souterrains où nous avons pensé périr d'une manière si terrible?

— Pourquoi non? Nous nous munirons cette fois de lanternes de rechange, et nous aurons les moyens de les rallumer... Ces carrières conviennent admirablement à mes projets, et il nous sera facile de prévenir toute espèce d'accident. D'ailleurs, Chavigny, je n'ai pas le choix; si la presse, aujourd'hui même, n'est pas mise en lieu sûr, je dois me résigner à la Bastille.

— Divinités propices, éloignez de nous ce malheur! dit l'abbé d'un air d'angoisses. Eh bien, Lussan, faut-il redescendre avec toi dans ces carrières?

— Non, mon ami, je ne t'imposerai

pas de sitôt un pareil sacrifice. J'ai sur moi la clé de la cave ; la porte de la maison est toujours ouverte ; je transporterai ici, dans un fiacre, les parties les plus importantes de notre matériel ; je cacherai le reste comme je pourrai jusqu'à ce soir, que je tenterai un nouveau voyage...

— Mais c'est un travail d'Hercule, dans l'état où le voilà ! et puis, en plein jour... la curiosité des voisins...

— Il faut la braver ou lui donner le change par quelque adroit men-.

songe. Enfin, Chavigny, de deux moyens je dois choisir celui qui seul présente quelques chances de succès. Quant à toi, tu ne saurais m'être d'aucune utilité. Hâte-toi donc de te coucher, mon cher abbé; pendant ce temps, je passerai dans ton cabinet de toilette et j'emprunterai peut-être à ta garde-robe de quoi me mettre en état de me montrer dans les rues.

Chavigny voulait insister pour s'associer aux projets de son ami, mais son accablement ne le lui permit pas. Le peu de vin généreux qu'il venait de boire lui montait au cerveau ; ses idées se troublaient; il avait peine à balbutier quelques mots sans suite. Il céda donc aux instances de Philippe, tandis celui-ci passait dans le cabinet voisin pour réparer le désordre de sa toilette.

Bientôt il reparut frais et dispos. Sa vigoureuse organisation avait réagi déjà contre les fatigues et l'insomnie; ses yeux noirs brillaient de tout leur éclat; ses traits ne portaient aucun trace d'altération. Il avait lui-même rattaché et poudré ses cheveux; la boue des carrières avait disparu de son habit de ve-

lours. Des bas de soie et des souliers à
boucles d'argent, appartenant à l'abbé,
avaient remplacé les siens. Bref, il avait
repris l'aspect de l'homme du monde,
plein de respect pour lui-même, et rien
ne rappelait plus dans quel fangeux
abîme il venait de passer la nuit.

Chavigny, de son côté, était enfoncé
jusqu'au menton dans ses draps de toile
de Hollande; sa tête, surmontée d'un
bonnet de coton que retenait un large
ruban bleu à rosette luxuriante, reposait
sur un oreiller garni de dentelle. Il semblait déjà dormir; mais quand Philippe

rentra, il ouvrit les yeux et lui tendit languissamment la main.

— Nous ressemblons, dit-il, à ces deux amis dont l'un court après la fortune, tandis que l'autre l'attend dans son lit... Mais toi, Lussan, tu es infatigable, tandis que le pacifique Morphée suffit pour m'abattre, moi chétif, et me réduire à merci... Cependant, je persiste à croire que tu devais rester ici et laisser les choses aller comme elles pourront. Il est peut-être déjà trop tard pour sauver ta presse; si la police n'a pas encore fait de descente dans ta maison, c'est qu'elle n'est pas suffisamment informée, et que tu peux remettre sans inconvénient l'expédition pour la nuit prochaine.

— Non, mon ami, l'abbé de la Croix m'a dit d'avoir toute confiance dans notre correspondant, et je ne veux pas négliger ses avis.

— Mais du moins, Philippe, sois prudent; ne rentre pas chez toi sans t'être assuré que tu le peux sans danger... Je ne sais pourquoi j'éprouve des pressentiments fâcheux :

> Je ne rêverai plus que rencontres funestes,
> Que faucons, que réseaux...

— Allons ! courage, répondit Philippe, tout ira bien.

Et au moment de sortir il ajouta pour se prêter au goût poétique de Chavigny :

> Je reviendrai bientôt conter de point en point
> Mes aventures à mon frère...

Puis, refermant la chambre, dont il glissa la clé sous la porte, afin que personne ne troublât le repos du petit abbé, il descendit rapidement l'escalier. Chavigni voulut le rappeler; il se souleva même sur le coude pour sortir de son lit, mais le sommeil et la fatigue l'emportèrent : il retomba sur son oreiller et s'endormit profondément.

Quand il fut dans la rue, Philippe de Lussan put s'apercevoir qu'il s'était exagéré ses forces. Il éprouvait une vive douleur aux articulations; ses jambes roidies se prêtaient difficilement aux mouvements de la marche. Il eut la pensée de prendre un fiacre ; mais ces automédons, comme on disait alors, n'étaient pas aussi nombreux qu'aujourd'hui, et aucun ne se trouvait en vue à cette heure matinale. Il aurait eu honte de monter dans les brouettes et les chaises à porteurs qui voituraient de gros abbés et des femmes. D'ailleurs, il demeurait dans la rue Saint-Germain-l'Auxerrois, et le trajet n'était pas assez long pour qu'il craignit de le faire à pied, malgré sa lassitude. Enfin, s'il faut le dire, après les secousses de la nuit précédente, il n'était pas fâché de se mêler aux agitations tumultueuses de la population parisienne, afin de dissiper les vapeurs noires qui obstruaient encore son cerveau. Il se lança donc à travers les rues bruyantes, en réfléchissant aux moyens de transporter le plus promptement possible la précieuse presse en lieu de sûreté.

Paris, le matin, avait alors une physionomie particulière. D'abord, comme nous l'avons dit, les crieries des marchands ambulants étaient bien plus multipliées et plus bizarres que de nos jours; elles formaient une discordante musique, capable de réveiller les morts. La petite bourgeoisie, en cornette de nuit ou en bonnet de coton, affluait sur les portes pour faire ses achats. Des clercs en habit rouge se rendaient, en grignottant un petit pain, à l'audience de sept heures. Des moines quêteurs allaient de porte en porte, leur bissac sur le dos, recueillir les offrandes en nature. Des solliciteurs en habit noir, bien coiffés, élevant leur petit tricorne au-dessus de leur tête pour protéger leur frisure, sautillaient sur les pavés les plus propres, et se hâtaient afin d'arriver au lever de leurs protecteurs. Des carrosses gris, aux stores soigneusement fermés, conduits par un seul domestique, se glissaient furtivement le long des maisons, tandis que des phaétons tout dorés, bourrés de laquais devant et derrière, précédés de coureurs à canne d'argent et de chiens danois, éclaboussaient les passants et faisaient trembler les vitres. Le carrosse gris contenait un grand seigneur qui venait de passer la nuit dans sa petite maison; le phaéton doré, un sous-traitant qui se rendait à grand fracas dans ses bureaux. Parfois, la foule besoigneuse et empressée s'arrêtait tout à coup, formait la haie et s'inclinait respectueusement ; ces honneurs étaient rendus à un magistrat en robe et en simarre, qui, monté sur sa mule et suivi d'un domestique, se dirigeait vers le palais pour tenir audience.

Mais Philippe, à qui ce spectacle était familier, passait rapidement, quand, à l'entrée de la rue Dauphine, il fut heurté par un individu très affairé qui marchait en sens contraire. Absorbé par ses réflexions, il crut avoir été lui-même l'auteur du choc ; il se retourna donc pour adresser des excuses à celui qu'il craignait d'avoir offensé. Au même instant, le passant s'arrêtait dans la même intention, et ils se trouvèrent face à face, le chapeau à la main.

L'inconnu portait des vêtements noirs râpés ; d'amples lunettes d'argent couvraient une partie de son visage. Il était maigre, de grande taille ; on eût dit d'un pauvre savant, pratique ordinaire de ces bouquinistes qui étalaient leurs marchandises dans les galeries du Palais-de-Justice. Aux premiers mots de Philippe, il l'interrompit avec de grandes démonstrations de courtoisie.

— C'est moi, monsieur, qui suis coupable, dit-il, et l'on ne saurait être plus marri que je ne le suis de ma maladresse..... Je suis votre très humble valet, monsieur.

Après cet échange de compliments, il n'y avait plus qu'à se retirer chacun de son côté; Philippe s'éloignait déjà, l'inconnu courut après lui.

— Mille pardons, monsieur, reprit-il d'un ton obséquieux, en s'inclinant très bas ; n'est-ce pas à M. de Lussan, avocat au Châtelet, que j'ai l'honneur...

— C'est moi-même, monsieur, dit Philippe, qui crut devoir s'arrêter de nouveau ; en quoi puis-je vous servir ?

— Ah! monsieur, s'écria l'inconnu avec enthousiasme, que je suis heureux de vous voir, de vous connaître! Bien souvent, caché dans la foule du palais, j'ai écouté vos magnifiques plaidoyers à la chambre criminelle..... Quelle chaleur! quelle éloquence! Vous mettiez en mouvement toutes les fibres de mon âme...... Je suis, monsieur, un de vos admirateurs les plus passionnés!

— Je vous remercie de vos bontés, monsieur, et je vous prie de me les continuer, répliqua Philippe fort ennuyé de ces longs compliments ; mais vous me pardonnerez de vous quitter : une affaire pressante m'appelle chez moi...

— Quoi ! vous allez chez vous ? demanda l'homme noir avec vivacité ; vous ne plaidez donc pas ce matin au Châtelet, comme on l'avait annoncé ? Dans ce cas, monsieur, je vous prierais, je vous demanderais à mains jointes de vouloir bien accepter une tasse de chocolat dans le café le plus voisin. Tout en déjeûnant, je vous apprendrais des choses vraiment dignes de votre attention. Mais vous ne voudriez pas accepter l'invitation d'un inconnu ; je m'appelle Salvien, et l'on me surnomme Salvien-aux-Lunettes, pour me distinguer de mes homonymes. Je suis homme de lettres. J'ai publié jadis, dans l'*Almanach des Muses*, quelques modestes essais, et notamment un quatrain, un *Bouquet à Chloris*, qui fit grand bruit dans le monde littéraire et m'ouvrit les plus nobles maisons. Comme vous écrivez vous-même...

— Je ne croyais pas avoir mérité le titre honorable d'écrivain. Mais, encore une fois, monsieur Salvien, puisque tel est votre nom, des affaires pressées m'empêchent d'accepter votre invitation ; je vous prie donc d'agréer mes excuses et mes remercîments.

En même temps il salua de nouveau et se remit en route d'un bon pas ; mais ce n'était pas le compte de M. Salvien-aux-Lunettes. Il rejoignit Philippe aussitôt et ils s'avancèrent un moment côte à côte. Lussan ne savait comment se débarrasser de cet importun qui s'attachait à lui avec tant d'obstination.

Ils se trouvaient alors près du Pont-Neuf, et l'encombrement qui règne en tout temps sur ce point rendait impossible une conversation suivie. Salvien regarda par-dessus l'épaule un individu qui marchait, confondu dans la foule, à vingt pas en arrière; puis, se rapprochant de Philippe, il lui dit à voix basse :

— Je suis un ami de l'abbé de la Croix... N'allez pas chez vous ou vous êtes perdu !

— Que voulez-vous dire? demanda

Philippe stupéfait en s'arrêtant pour la troisième fois.

— Avancez toujours et ne me regardez pas de cet air effaré; on nous observe, on pourrait se douter de quelque chose..... Sauvez-vous, si vous m'en croyez ; il vous sera facile de vous échapper au milieu de tout ce monde...... Je vous poursuivrai, je crierai, je m'élancerai sur vous; mais n'hésitez pas à me repousser; n'y allez pas de main-morte, et s'il le faut, secouez-moi un peu rudement; je sais quelqu'un qui me récompensera... Allons, êtes-vous prêt? Partez... partez donc !

— Mais, enfin, monsieur, qui êtes-vous?

— Je vous l'ai dit : on m'appelle Salvien-aux-Lunettes; je pensais que mon nom vous était connu et que vous comprendriez au premier mot. Le révérendissime abbé de la Croix a dû vous apprendre... Enfin, je suis un homme de lettres, un auteur, un gazetier comme vous, et on doit s'assister entre confrères. Ainsi donc, monsieur, sauvez-vous et tenez-vous caché jusqu'à ce que le danger soit passé.

CHAPITRE SEPTIÈME

VII

Salvien-aux-Lunettes (suite).

— Et pourquoi fuirais-je, monsieur ? demanda Philippe à celui qui s'était nommé Salvien-aux-Lunettes. Pourquoi me cacherais-je ? J'ai la conscience de n'avoir jamais commis aucune mauvaise action.

Et il continuait de marcher d'un pas posé vers sa demeure.

— Une mauvaise action ! répliqua son interlocuteur ; il s'agit bien de cela ! Il y a des faits, forts louables en eux-mêmes, beaucoup plus dangereux que de mauvaises actions. Nous savons cela, nous autres !

Philippe songea tout à coup à l'ordre royal qu'il avait déchiré la veille avec si peu de cérémonie. Sans aucun doute, le danger venait de là ; mais qui l'avait si promptement trahi ? Il ne voulut pas arrêter son esprit sur cette pensée, et se redressant fièrement, il dit à haute voix :

— Si j'ai encouru l'inimitié d'un personnage puissant, j'en subirai les conséquences. Il ne me convient ni de me cacher ni de fuir.

Salvien-aux-Lunettes le regarda d'un air d'étonnement mêlé d'admiration.

— C'est une âme de Spartiate! dit-il en se mouchant dans un mouchoir troué ; enfin, monsieur, agissez à votre guise... Seulement, vous pourrez rendre témoignage de ma complaisance en temps et lieu ; ce qui va maintenant arriver, vous l'aurez bien voulu... Quant à moi, poursuivit-il, en ployant avec soin son mauvais mouchoir qu'il remit dans sa poche, et en enfonçant son vieux chapeau sur ses yeux, il m'est impossible d'attendre plus longtemps sans me compromettre et sans m'exposer à perdre ma place.

Nous sommes cernés!... En conséquence, mille pardons, mon cher confrère, de la liberté que je prends, mais... je vous arrête au nom du roi !

Et il saisit Philippe par le bras.

Lussan resta tout interdit. La pensée ne lui était pas venue, jusque-là, que M. Salvien-au-Lunettes, l'homme de lettres, le faiseur de quatrains, pût être un limier de police, quoique, hélas! ces deux positions ne fussent pas toujours incompatibles à cette époque. Il ne songeait donc pas à la résistance. Cependant son *confrère* le retenait mollement, comme pour lui laisser le moyen de se dégager. Philippe n'en aurait pas eu le temps s'il en eût eu la fantaisie. Deux individus de mauvaise mine venaient de tourner l'angle du quai et lui barraient le passage par devant ; le quidam, qui semblait accompagner Salvien, accourait par derrière. C'eût été folie de lutter contre quatre hommes : aussi Philippe n'y songea-t-il pas.

— Je vous suivrai, messieurs, dit-il avec fierté ; mais ne me touchez pas..... avez-vous un mandat d'arrestation ?

— La lettre de cachet est entre les

mains du commissaire de police, répliqua Salvien tristement.

— Ah! une lettre de cachet?..... On me traite en grand seigneur! Eh bien! où est le commissaire, maintenant?

— Rue Saint-Germain-l'Auxerrois, à votre logis, où il opère une perquisition.

En apprenant l'invasion de la police dans son modeste appartement, Philippe éprouva un grand serrement de cœur. Cependant il réfléchit que peut-être la presse n'avait pas été découverte dans le cabinet secret où elle était cachée ; d'ailleurs on se souvient qu'il avait brûlé la veille, à la première alerte, toute la partie de sa correspondance qui pouvait compromettre ses amis. Il reprit donc :

— Marchons, messieurs ; allons trouver le commissaire.

Et il s'avança d'un pas assuré, mais sans forfanterie. Les gens de police l'entouraient et surveillaient ses mouvements, mais ils n'osaient porter la main sur lui. L'un d'eux voulut lui enlever son épée; Salvien-aux-Lunettes, qui paraissait jouir d'une certaine autorité dans l'escouade, s'y opposa formellement.

— A bas les mains, Picat l'Édenté! lui dit-il; n'as-tu jamais *travaillé* avec des gentilshommes? Un drôle tel que toi, qui ne sait ni A ni B, oserait-il manquer de respect à un savant homme de lettres, à un illustre avocat qui sait la rhétorique, la philosophie, l'esthétique, la dialectique, la poésie et une foule d'autres sciences dont tu n'as jamais entendu prononcer le nom? Monseigneur le lieutenant de police avait bien ses raisons en me chargeant de cette arrestation. Certes, M. de Lussan n'eût pas souffert qu'un autre qu'un confrère lui signifiât les ordres de Sa Majesté.

— C'est bon, c'est bon, monsieur Salvien, répliqua Picat d'un ton bourru; vous rendrez compte aux supérieurs, cela ne me regarde pas. Mais tout de même, vous êtes resté bien longtemps à causer avec ce monsieur avant de vous décider à lui mettre la main au collet.

— Mettre la main au collet ! Peut-on se servir de ces ignobles expressions ! Mais je me tuerais à vous apprendre le beau langage, à tous tant que vous êtes. Si j'ai causé longtemps avec ce brave gentilhomme, c'est que les gens d'esprit aiment à échanger leurs idées ; d'ailleurs je tenais à m'assurer que je me trompais pas.

— Je ne dis pas le contraire, mais j'ai pu croire un moment... Dame ! il n'est pas nécessaire de tant bavarder pour empoigner un homme !

— Empoigner ! empoigner ! répéta Salvien-aux-Lunettes en détournant la tête avec dégoût; voilà encore de ces mots barbares qui me font soulever le cœur. Mais, dis-moi, monsieur le fier-à-bras, ajouta-t-il en baissant la voix et en clignant des yeux, crois-tu que M. de Lussan se fût beaucoup soucié de toi et de moi, si nous eussions été seuls pour l'arrêter? Regarde-le donc ! il nous eût jetés aussi haut qu'Hercule jeta jadis le pauvre Hylas.

Picat l'Édenté n'avait jamais entendu parler d'Hylas et d'Hercule, mais la haute taille et la vigueur apparente de

Philippe de Lussan rendaient fort clair le raisonnement de son chef d'escouade, et il n'osa répliquer.

En tout autre moment, le prisonnier eût pu s'amuser des prétentions et des scrupules de ce singulier mouchard ; mais l'inquiétude ne lui permettait pas d'écouter ce grotesque dialogue. On venait d'entrer dans la rue Saint-Germain-l'Auxerrois, et il voyait de loin un grand nombre de personnes arrêtées devant sa maison. La portière pérorait au milieu des commères qui obstruaient la rue, fort étroite en cet endoit ; les archers du guet gardaient la porte, et leurs uniformes annonçaient au quartier qu'il s'agissait d'une descente de justice.

Quand Philippe de Lussan apparut avec son cortége significatif de gens de police, tous les regards se tournèrent de son côté. La foule s'entr'ouvrit d'un air de compassion pour lui livrer passage. La portière, en le voyant prisonnier, se tordait les bras de désespoir. Elle semblait vouloir lui parler, mais on la repoussa, et Philippe dut la calmer par un signal amical, pendant qu'on l'entraînait lui-même dans l'intérieur de la maison.

A peine entré, il ressentit un grand crève-cœur. Cette presse, à la conservation de laquelle il attachait tant d'importance, avait été découverte par les limiers exercés de la police; en ce moment on la chargeait sur un chariot, dans la cour, avec tous ses accessoires et les caisses contenant les caractères. Les larmes vinrent aux yeux de Philippe.

— Trop tard! murmura-t-il avec douleur, je viens trop tard!

—Bah! lui dit Salvien à l'oreille, en montant l'escalier obscur, nous savions déjà hier au soir que cette machine était chez vous. Quiconque se fut présenté cette nuit pour l'enlever eût été arrêté.

— Ainsi donc cette presse est l'unique motif de mon arrestation ?

— Il y a donc autre chose ? Chut ! pas un mot de plus, confrère, c'est déjà trop de moitié.

Philippe se félicita de ne pas avoir accepté la veille les services de Chavigny, car alors il eût certainement causé la perte du pauvre petit abbé.

Il entra dans sa chambre, pièce simple et sévère dont une exquise propreté faisait d'ordinaire tout l'ornement. Cette chambre et le cabinet attenant étaient remplis de livres, qui se trouvaient en ce moment épars sur le plancher. Un commissaire en robe, assisté d'un huissier et d'un exempt, procédait à l'examen de la bibliothèque et des papiers. La correspondance, grâce aux précautions de Philippe, n'avait pas fourni de pièces de conviction; en revanche, la bibliothèque contenait bon nombre de brochures et d'ouvrages prohibés que les gens de justice mettaient à part, afin de les consigner dans le procès-verbal de perquisition.

A la vue du prisonnier, la figure refrognée du commissaire s'épanouit subitement.

— Ah! vous l'avez donc trouvé? s'écria-t-il; qui de vous a fait ce beau coup?

— C'est moi, monsieur le commissaire,

me, *me adsum qui feci*, dit Salvien-aux-Lunettes d'un air glorieux, et j'ose affirmer qu'on n'a jamais arrêté un galant homme avec autant d'atticisme et d'urbanité.

— C'est bien, vous rédigerez un rapport que j'enverrai à monseigneur.

— Un rapport, oui, monsieur ; et ce rapport sera en vers ou en prose, en latin ou en français, comme on voudra. J'ose dire que monseigneur ferait bien de le livrer à l'impression et de le donner pour modèle à tous ses agents et inspecteurs; ils parlent souvent un français détestable et manquent à toutes les convenances de la langue et de la politesse.

Le commissaire interrogea Philippe uniquement pour constater son identité, car il ne s'agissait ici ni d'information ni de jugement. A son tour, Philippe voulut voir la lettre de cachet : elle était estampillée du nom de Louis, ce nom qu'il avait vu récemment sur un acte de toute autre nature. La pièce était en règle et Philippe la rendit au commissaire en disant tranquillement :

— Il suffit, monsieur, exécutez votre mandat.

L'exempt s'avança, et le jeune homme lui remit son épée.

Le commissaire lui-même fut touché de ce calme si plein de dignité.

— Monsieur, lui dit-il, je voudrais vous être agréable en quelque chose qui dépendît de moi. Peut-être souhaitez-vous d'annoncer aux personnes de votre famille ou de votre intimité le malheur qui vous frappe? Ecrivez donc sous mes yeux une lettre que vous me remettrez ouverte; je prendrai sur moi de l'envoyer à son adresse.

Philippe eut d'abord la pensée d'écrire un mot à Chavigny pour l'engager adroitement à se tenir sur ses gardes; mais il réfléchit que prononcer le nom de son ami serait le compromettre. Il remercia donc le magistrat de sa bonne volonté et répondit qu'il n'avait personne à instruire de son arrestation.

— Mais votre père, le chevalier de Lussan... Je vois par une de ses lettres qu'il se vante de jouir d'un grand crédit à la cour. Ne pourriez-vous instruire votre père de ce fâcheux événement ?

— Ce serait alarmer trop vite la tendresse paternelle de M. de Lussan, répliqua Philippe avec un sourire amer ; la rumeur publique l'instruira toujours assez tôt... Messieurs je suis prêt.

Pendant cette conversation, un garde de la prévôté était allé chercher un fiacre ; sur un signe du magistrat, l'exempt et deux autres soldats emmenèrent le prisonnier. Comme ils descendaient l'escalier obscur, Salvien se pencha vers Philippe :

— Je préviendrai qui de droit, dit-il amicalement; ayez l'esprit en repos. Entre confrères en Apollon, il faut bien s'entr'aider.

Philippe eût désiré savoir de qui voulait parler son bizarre ami ; on ne lui laissa pas le temps de demander des explications. Le fiacre attendait dans la cour ; le malheureux jeune homme y monta suivi de ses trois gardiens, tandis qu'un quatrième prenait place à côté du cocher. Puis, les portières furent cadenassées, les stores baissés et l'on partit, sans que Philippe pût recueillir les regards sympathiques de la foule assemblée devant la porte.

On roula pendant près de trois quarts d'heure à travers les rues sombres et boueuses de Paris. Les passants, en voyant cette voiture hermétiquement close, avec un garde en uniforme sur le siége, devinaient facilement de quoi il s'agissait; on était habitué à de pareilles rencontres.

Enfin, la voiture sembla franchir un

pont-levis ; puis on entendit un cliquetis de chaînes et de grilles de fer. On s'arrêta ; la portière s'ouvrit, et une voix rude invita le prisonnier à descendre. On était dans une vaste cour entourée de tours crénelées, dont la masse sombre inspirait l'effroi.

CHAPITRE HUITIÈME

VIII

L'hôtel de Villeneuve.

Depuis la scène violente qui avait amené une rupture complète entre la famille de Villeneuve et Philippe de Lussan, Thérèse était restée confinée dans sa chambre. Madame de Villeneuve, furieuse de la résistance de sa fille, refusait obstinément de la voir ; pendant deux jours la pauvre prisonnière n'avait eu aucun rapport avec les gens de l'hôtel, à l'exception de madame Durand, la gouvernante chargée spécialement de veiller sur elle.

Un moment, Thérèse espéra recevoir la visite de son père, dont elle connaissait la vive tendresse, mais son espérance ne se réalisa pas. Le financier Villeneuve était un gros épicurien, sans fiel et sans malice, dont les femmes galantes de Paris exploitaient jusqu'à l'abus la fastueuse bonhomie. Passablement dissolu hors du logis, il conservait dans son intérieur les mœurs bourgeoises, les affections de famille d'un petit rentier. A toute autre époque et avec quelques millions de moins, le père de Thérèse eût mérité la réputation d'un homme rangé, austère peut-être ; mais la contagion de l'exemple et une fortune princière avaient fait du bourgeois paisible un ridicule Mondor. Quoi qu'il en fût, M. de Villeneuve adorait sa fille. Quand il revenait le soir, Dieu sait d'où, il semblait trouver un plaisir infini à déposer un baiser sur le front de cette chaste enfant, qui lui demandait naïvement où il pouvait passer ainsi ses journées et une partie de ses nuits. Il aimait à écouter son charmant caquetage; il s'évertuait à lui causer des surprises agréables; il avait toujours dans ses poches quelque bijou, quelque bagatelle de prix à lui offrir. On eût dit qu'il voulait retremper dans un sentiment innocent son âme flétrie par des impressions moins pures.

Thérèse avait donc lieu de penser que son père se souviendrait d'elle dans sa disgrâce. Mais au logis, le fermier-général acceptait humblement le joug de sa femme et n'aurait eu garde de transgresser ses ordres. Madame de Villeneuve, de son côté, conservait une vive affection pour sa fille unique ; mais un désir qui avait toute la tenacité d'une idée fixe la dominait en ce moment, et une influence puissante, que nous connaîtrons bientôt, la poussait à la sévérité. Elle était ambitieuse, et l'homme d'argent ne pouvait pas alors, comme de nos jours, arriver à tout : il y avait plus loin qu'aujourd'hui du titre de banquier à celui de baron. Le fermier-général et sa femme en faisaient fréquemment l'expérience dans le monde aristocratique ; la fille du chaudronnier millionnaire avait reçu plus d'une avanie de la part des grandes dames qui, pourtant, recouraient à la caisse de son mari. Aussi, s'était-elle attachée avec passion au moyen qui se présentait de s'élever au rang des plus fières, et elle ne pouvait pardonner à sa fille d'avoir rendu impossible la réalisation de ces brillants projets. C'était elle sans doute qui tenait M. de Villeneuve éloigné de Thérèse. La faiblesse paternelle eût peut-être encouragé la résistance de cette pauvre enfant, qui ne voulait pas sacrifier son bonheur à l'orgueil de sa famille.

Le soir du second jour après l'arrestation de Philippe de Lussan, Thérèse était donc seule dans sa chambre, située au rez-de-chaussée de l'hôtel. Une porte-fenêtre s'ouvrait sur le jardin, de grande étendue, auquel on descendait par un large perron de pierre. Au bas du perron s'étendait un beau gazon émaillé de pâquerettes et de boutons d'or, encadré de lilas et d'autres arbustes fleuris. Assise sur le seuil de la porte, dans une bergère dorée, Thérèse aspirait l'air pur, les yeux tournés vers les longues allées de ce splendide jardin, dont aucune habitation particulière de l'intérieur de Paris ne possède aujourd'hui le pareil. A ses pieds, on voyait une brochure qu'elle avait essayé de parcourir; la tête penchée sur sa main, les yeux fatigués de larmes, elle s'assoupit insensiblement.

La nuit tombait, l'air était tiède, chargé de moites exhalaisons printanières. A mesure que s'éteignaient les dernières lueurs du couchant, la lune élevait son orbe argentée au-dessus des arbres au feuillage rare encore. Les bruits de Paris ne se faisaient entendre que comme un faible murmure, et l'on eût pu se croire au fond d'une campagne solitaire, bien loin du fracas et des agitations d'une grande ville.

Derrière la jolie dormeuse, l'appartement était sombre et de lourds rideaux de velours retombaient en draperies. La forme blanche et gracieuse de Thérèse se détachait sur ce fond noir à lumière nacrée de la lune. La jeune fille était enveloppée d'une ample robe de chambre de satin, dont les plis nombreux ne laissaient voir que son frais visage aux cils bruns et une main d'albâtre qui reposait languissamment sur le bras du fauteuil. La brise du soir frémissait par intervalles dans les grands arbres du jardin ; un rossignol modulait avec timidité sa première chanson au sommet d'un marronnier ; un grillon sifflotait sa note douce et monotone dans la verdure du boulingrin, mais rien ne semblait devoir troubler ce sommeil, fruit de l'épuisement et de la douleur.

Au milieu de cette scène paisible,

quand la nature caressait de ses mélodies, de ses parfums, de sa lumière, la jeune fille endormie, il sembla tout à coup qu'on se glissât vers Thérèse avec précaution. Sous les massifs de feuillage, une forme agile allait de place en place, s'arrêtait parfois, puis bondissait pour s'arrêter de nouveau. Chacune de ces haltes durait à peine quelques secondes; on passait continuellement de l'une à l'autre des allées qui formaient comme un éventail autour du boulingrin, mais on se rapprochait chaque fois davantage de la charmante enfant, sans cependant se découvrir et sans sortir de l'ombre épaisse projetée par les arbres entrelacés.

Quel était cet être mystérieux? La grille qui s'ouvrait sur la cour restait soigneusement fermée. Madame de Villeneuve, pour essayer sur sa fille l'effet d'une solitude absolue, avait expressément défendu à ses gens d'entrer dans le jardin qui communiquait avec l'appartement de Thérèse. Aucun habitant de l'hôtel ne pouvait donc s'y trouver, surtout à pareille heure, et les murs paraissaient trop élevés, trop soigneusement entretenus pour qu'il eût été possible de les franchir. D'ailleurs, ces mouvements vifs et désordonnés étaient-ils bien ceux d'un homme? Ce personnage étrange s'élançait d'un lieu à l'autre avec une vigueur surhumaine, sans faire crier sous ses pas le sable des allées, sans que le froissement d'une feuille, le bris d'une branche sèche trahît sa présence. On l'entrevoyait tantôt ici, tantôt là, derrière le tronc raboteux d'une charmille ou derrière une touffe d'épine blanche; mais l'ouïe la plus fine n'eût pu l'entendre quand il s'approchait dans ses élans capricieux jusqu'à moins de vingt pas de Thérèse. On eût dit de ces sylphes ou de ces lutins d'opéra qui folâtrent en silence autour d'une belle favorite et redoublent son sommeil du léger battement de leurs ailes. Mais celui qui voltigeait autour de mademoiselle de Villeneuve avait-il des ailes rosés aux épaules, une couronne d'or sur la tête, une étoile brillante sur le front ?

Cependant Thérèse ne s'éveillait pas ; sa complète immobilité l'eût fait prendre pour une statue, n'eût été le mouvement de sa poitrine oppressée. Tout à coup sur la main qu'elle laissait pendre avec l'insouciance du sommeil, elle sentit quelque chose de brûlant comme un baiser. Elle tressaillit, poussa un cri perçant et se leva par un mouvement d'irrésistible pudeur. Mais vainement regarda-t-elle de tous côtés. Un souffle, un courant d'air semblable à celui d'une porte qui s'ouvre parut glisser autour d'elle; mais elle ne vit rien, n'entendit rien. Cette sensation brûlante et humide qu'elle éprouvait encore à la main attestait seule que la charmante dormeuse n'avait pas rêvé.

Madame Durand venait d'entrer avec une lumière. Thérèse, tout effarée, ne pouvait parler. Enfin, se remettant un peu, elle dit d'une voix étouffée :

—Fermez cette fenêtre et allumez les bougies... Qui donc est dans le jardin, madame Durand?

— Et qui pourrait s'y promener si tard? demanda la gouvernante en l'examinant avec curiosité; madame en a défendu l'entrée jusqu'à ce que... enfin jusqu'à ce qu'elle en décide autrement. Mais qu'avez-vous donc, mademoiselle? vous êtes tremblante?

— Ce n'est rien; je m'étais assoupie

là, sur le perron, et la fraîcheur du soir...
Mais est-il bien vrai qu'il n'y ait personne au jardin ?

— Personne, mademoiselle.

— Allons, je me serai trompée. Quelque chose m'a fait peur et j'ai pu croire... Mais, encore une fois, je me suis trompée.

— Vous avez eu peur? reprit la gouvernante, qui s'était empressée de verrouiller la porte-fenêtre; en effet, il se passe ici des choses effrayantes depuis quelques jours.

— Je n'ai rien vu, madame.

—Mademoiselle ne veut pas en convenir avec moi, mais depuis que le suisse et sa femme ont retiré du grand puits cet homme, ce revenant, ce diable (car on ne sait pas au juste ce que c'était), on a fait des remarques singulières.

— Quoi ! madame Durand, dit Thérèse d'un ton de curiosité qui démentait ses paroles, allez-vous recommencer vos ridicules histoires? Quelles remarques peut-on faire, je vous prie?

— Mademoiselle est libre de ne pas me croire, mais rien de plus vrai. Le jardinier trouve chaque matin sur le sable fin des allées de nombreuses empreintes de pieds nus, et ces empreintes s'avancent parfois jusqu'au perron.

— Des empreintes de pieds nus, folle! répliqua mademoiselle Villeneuve avec un frisson involontaire. Qui pourrait courir pieds nus dans le jardin pendant la nuit ?

— On l'ignore, mais le jardinier me montrait ces traces l'autre jour du côté de la serre. Elles étaient si légères, je l'avoue, que le pied d'un enfant pourrait à peine en laisser de moins profondes : cependant la forme en était parfaitement visible.

Thérèse devint pensive.

— Bah! dit-elle en affectant l'indifférence, ce sont là des contes à votre façon. Laissons cela, j'ai bien d'autres soucis en ce moment !

Elle alla s'asseoir en soupirant à l'autre extrémité de la chambre. La gouvernante l'observait à la dérobée.

— Mademoiselle a-t-elle encore besoin de mes services? demanda-t-elle enfin.

— Restez... avez-vous bien fermé la porte et les fenêtres? Allumez encore ces candélabres et venez vous asseoir à côté de moi.

— Et mademoiselle ne veut pas me dire quelle est la cause de cette frayeur?

— Que sais-je?... du malaise, un peu de fièvre peut-être..... Madame Durand, ma mère est-elle encore à l'hôtel ?

— Elle n'est pas sortie, quoique l'heure de la comédie soit passée, et monsieur, toujours impatient de partir à l'issue du dîner, pour aller où il va tous les soirs, n'a pas encore demandé sa voiture.... Tous les deux sont dans le cabinet des livres, où ils causent depuis plus d'une heure avec madame l'abbesse du Val-de-Grâce. Ah! mademoiselle, c'est qu'on racontait une grande nouvelle aujourd'hui.

La gouvernante s'arrêta, espérant sans doute que Thérèse lui demanderait quelle était cette grande nouvelle. Thérèse garda le silence.

— Mademoiselle n'a pas confiance en moi, poursuivit madame Durand avec un soupir tiré du fond de la poitrine; elle ne veut pas me prendre pour confidente de ses chagrins; et pourtant j'ai été jeune aussi; mon cœur est plein d'indulgence.

— Eh! qu'ai-je besoin de votre indulgence? dit Thérèse sèchement; je n'ai rien à cacher et rien à confier.

— Mademoiselle est bien la maîtresse de ses secrets, reprit la gouvernante avec un nouveau soupir hypocrite; et pourtant je suis vivement touchée du malheur de ce bon et généreux jeune homme, M. Philippe de Lussan !

A ce nom Thérèse tressaillit et ses yeux s'animèrent.

— Philippe de Lussan! s'écria-t-elle;

ah! qu'est-il donc arrivé à Philippe... à M. de Lussan?

Madame Durand eut peine à retenir un sourire de satisfaction. Puis, prenant un ton larmoyant, elle répondit :

— Peut-être ne devrais-je pas dire cela, mais il faudra bien toujours que vous le sachiez... D'ailleurs, comme le mal est sans remède, il vaut mieux se résigner.

— Mais parlez, parlez, de grâce!

— Eh bien, M. de Lussan est depuis hier matin à la Bastille.

Thérèse pâlit; néanmoins elle ne poussa pas un cri.

Surprise et irritée peut-être de ce calme apparent, madame Durand raconta l'arrestation de Philippe avec tous les commentaires inquiétants que son imagination pouvait lui suggérer.

CHAPITRE NEUVIÈME

IX

L'hôtel de Villeneuve (suite).

Mademoiselle de Villeneuve s'était assise et écoutait attentivement les fâcheuses nouvelles de la gouvernante. Pas une larme ne tombait de ses yeux; seulement un léger pli sur son front trahissait le travail de sa pensée. Tout à coup elle se redressa.

— Madame Durand, dit-elle d'un ton ferme, tout à l'heure encore vous vous plaigniez de n'avoir aucune part dans ma confiance ; il me prend fantaisie de mettre à l'épreuve votre zèle et votre dévoûment ; êtes-vous prête ?

La gouvernante était une de ces âmes vénales pour qui tout est spéculation, et elle attendait depuis longtemps l'occasion qui se présentait en ce moment de créer un lien secret entre elle et Thérèse ; elle répondit donc avec empressement :

— Ah ! mademoiselle, pouvez-vous en douter ? J'ai tant de respect et d'affection pour vous ! Que souhaitez-vous de moi ? Avez-vous une lettre à faire parvenir sans qu'on le sache ? Faut-il me procurer des nouvelles...

— Il s'agit de choses plus graves. Votre condescendance à mes volontés peut vous coûter votre place à l'hôtel de Villeneuve ; mais, dans ce cas, vous devriez compter sur mon constant appui.

Et tenez, ajouta-t-elle en ouvrant un petit secrétaire de Boule, prenez ceci en attendant.

Elle retira ses deux mains, pleines de bijoux et de diamants qu'elle voulut laisser tomber en cascade brillante dans le tablier de la gouvernante. Celle-ci était éblouie ; néamoins, en femme prudente, elle refusa les dons de l'innocente Thérèse.

— Miséricorde ! mademoiselle, à quoi me serviraient toutes ces belles choses ? dit-elle ; d'ailleurs, vous auriez beau me les donner, on saurait toujours bien me les reprendre. Non, non, j'aime mieux, si je me compromettais pour vous, m'en rapporter à votre justice, à votre libéralité. Je suis pauvre et je vis de mon travail; si j'étais chassée de l'hôtel pour vous avoir obéi...

— Je considérerais comme un devoir de vous assurer une existence tranquille, et vous savez que je tiens mes promesses!

— Mademoiselle est si généreuse! Eh bien! qu'attendez-vous de moi?

— Il faut me fournir à l'instant les moyens de sortir de l'hôtel. Je vais m'habiller ; vous, pendant ce temps, vous prendrez soin d'écarter les domestiques, comme vous fîtes, sans en être priée, le jour de la dernière visite de M. de Lussan, et vous irez me chercher un fiacre. Vous m'avez entendue? Partez..... Pourquoi ne partez-vous pas ?

Madame Durand, déconcertée par l'impétuosité nouvelle de cette jeune fille qu'elle avait toujours vue si calme et si digne, ne savait à quoi se résoudre.

— Mais, mademoiselle, demanda-t-elle avec embarras, ne pouvez-vous pas me dire où vous allez, quels sont vos projets?

— Que vous importe? Mais je n'ai pas à cacher mes intentions, qui sont pures. Je vais me jeter aux pieds du roi et lui demander la liberté de Philippe de Lussan.

Madame Durand recula d'un pas.

— Le roi! s'écria-t-elle stupéfaite; y pensez-vous! vous, une jeune demoiselle si honnête et si sage! Et puis, le roi est à Versailles; on prétend même qu'il est malade. On ne vous laissera jamais pénétrer jusqu'à lui.

— Je vais me rendre chez le bon vieux duc de Villequier; il est, dit-on, fort bien en cour, et il m'a toujours témoigné beaucoup d'amitié. Il ne refusera pas, j'en suis sûre, de m'accompagner à Versailles et de me présenter au roi.

—Mais, mademoiselle, il est si tard!...

Personne n'entre la nuit dans un château royal.

— Nous attendrons l'ouverture des portes jusqu'à demain matin. Le duc de Villequier me conseillera, me protégera. Tout ira bien, pourvu que je voie le roi, qui connaît déjà le chevalier de Lussan et s'intéresse à sa famille..... Allons, ma bonne Durand, hâtez-vous ! Tenez, si vous ne voulez pas de mes bijoux, vous pouvez du moins accepter ceci.

Et elle prit dans le tiroir d'une chiffonnière un rouleau d'or, que la gouvernante, cette fois, ne refusa pas.

Madame Durand sentait parfaitement l'absurdité et les inconvénients sans nombre du projet de Thérèse. Mais peut-être s'inquiétait-elle fort peu que la fille du fermier-général compromît sa réputation par une folle démarche, s'il en devait résulter pour elle de gros bénéfices. Elle présenta donc encore quelques objections pour la forme ; puis, feignant de se résigner à regret, elle sortit pour exécuter les ordres de Thérèse.

Elle revint au bout d'un quart d'heure annoncer que les nombreux domestiques avaient été éloignés sous différents prétextes, et que le fiacre attendait à quelques pas de la maison. Elle trouva la jeune fille tout habillée et prête à sortir.

— Allons, mademoiselle, dit madame Durand avec inquiétude. Il n'y a pas une minute à perdre... Madame l'abbesse du Val-de Grâce vient de partir; mais monsieur et madame, contre l'ordinaire, ne sont pas sortis encore, et si nous venions à rencontrer l'un ou l'autre sur notre chemin...

— Me voici... Tenez, ma chère Durand, toute réflexion faite, vous m'accompagnerez jusque chez le duc de Villequier, car j'aurais peur de me trouver seule dans une voiture publique.

Elle jeta sur ses épaules une mantille de soie pour se garantir de la fraîcheur de la soirée ; puis, prenant le bras de sa compagne, elle l'entraînait vers la porte, quand tout à coup cette porte s'ouvrit et une voix sévère s'écria :

— Où donc allez-vous, mademoiselle?

La gouvernante poussa un cri d'effroi et s'enfuit ; au même instant, M. et madame de Villeneuve parurent devant Thérèse interdite.

Madame de Villeneuve avait un air dur et menaçant que sa fille ne lui connaissait pas. Son visage trahissait une sorte de résolution, comme si, cette fois, elle eût voulu triompher à tout prix des résistances de Thérèse. Evidemment les sentiments de la mère se taisaient en ce moment devant ceux de la femme passionnée et ambitieuse. Le gros financier qui l'accompagnait avait un aspect beaucoup moins imposant: sa grande perruque à trois marteaux, son ventre luxuriant que contenait à peine une ample veste de drap d'or, ses dentelles, ses bagues de diamants et surtout sa figure large, bonasse, à double menton, le faisaient ressembler à ce qu'on appelait alors un *père de comédie*. Appuyé sur sa canne, dont la pomme était enrichie de perles, il regardait sa fille avec ses gros yeux myopes, exprimant plus d'étonnement que de colère.

Aussi, fut-ce vers lui que Thérèse, revenue de son premier saisissement, se tourna d'abord. Elle fondit en larmes, et se jetant au cou du financier, elle dit avec un accent de désespoir :

— Mon père, mon père, ayez pitié de moi !

Le bonhomme fut ému de ce touchant appel. Il laissa tomber sa canne, et retenant sa fille dans ses bras, il lui donna un gros baiser sur le front.

— Voyons, ma mignonne, qu'as-tu donc? demanda-t-il d'un ton d'indulgence ; que se passe-t-il ?..... Morbleu! je ne veux pas, moi, que tu pleures !

— Est-ce ainsi que vous comprenez vos devoirs, monsieur? interrompit madame de Villeneuve avec indignation ;

est-ce ainsi que vous montrez du caractère à l'égard de cette enfant rebelle? Souvenez-vous de ce que disait tout à l'heure mon excellente amie, madame l'abbesse du Val-de-Grâce!

Le fermier-général repoussa sa fille, rajusta son jabot et sa perruque, puis se redressant d'un air qu'il croyait majestueux :

— C'est juste, reprit-il. Mademoiselle, répondez-nous..... Où pouviez-vous aller, à pareille heure, avec cette coquine de Durand, une intrigante effrontée que je chasserai... si madame de Villeneuve y consent, toutefois.

— La Durand aura son tour; mais c'est de cette ingrate fille qu'il s'agit d'abord..... Mademoiselle daignera-t-elle nous honorer d'une réponse?

La pauvre Thérèse était incapable de parler. Repoussée par son père et par sa mère, elle était tombée sur un siége, suffoquée de sanglots.

— Ma chère amie, dit timidement le financier à voix basse, nous l'effrayons par un excès de sévérité.... Si nous employions les moyens de douceur pour commencer ?

— Voilà comment vous êtes, monsieur ! toujours aveugle pour cette fille obstinée... Mais je suis là, cette fois, et je ne souffrirai pas que vous vous écartiez de la ligne de conduite que nous nous sommes tracée, je vous en avertis.

Fort de cette permission tacite, le

fermier-général s'assit à côté de Thérèse ; il lui prit les mains et, lui parlant avec bonté, il arracha facilement à la naïve jeune fille l'aveu de la démarche qu'elle allait tenter quand son père et sa mère étaient entrés.

Le mari et la femme restèrent stufaits en apprenant cette incroyable nouvelle.

— Demander au roi la grâce du prisonnier ! dit enfin madame de Villeneuve ; mais on vous a donc ensorcelée ?

— Et elle l'aurait obtenue ! s'écria le

fermier-général ; je vous garantis, madame, qu'elle aurait obtenu cette grâce. Mais, justes dieux ! j'aimerais mieux le savoir dans cette grotte dont parle M. de Marmontel, et qui était remplie de serpents à *clochettes* (vous devez connaître cet ouvrage, madame) ; oui, j'aimerais mieux mille fois la savoir dans cette dangereuse caverne que dans le palais du roi. Mais, vous le voyez, une pareille idée n'a pu venir seule dans la tête de cette enfant : c'est cette Durand, cette scélérate de Durand qui a fait tout le mal !... Elle a beau être votre espionne, je vais la chasser sur l'heure.

— Mon père, je vous assure que cette pauvre femme...

— Restez, monsieur, dit madame de Villeneuve avec aigreur; madame Durand est à mon service et non au vôtre; j'en agirai avec elle comme il me plaira. Toujours est-il que vos ménagements envers votre fille peuvent avoir les résultats les plus fâcheux. Si elle avait accompli ce ridicule coup de tête, nous serions devenus la fable de la ville et de la cour. Ainsi donc, aucune hésitation n'est plus possible; mademoiselle va s'expliquer à l'instant et nous promettre une complète obéissance, ou bien nous accomplirons notre détermination.

Madame de Villeneuve vint s'asseoir devant la coupable, avec la gravité d'un juge qui prend place à son tribunal.

Le financier chiffonnait son jabot, aspirait bruyamment du tabac d'Espagne et regardait à droite et à gauche d'un air de malaise. Enfin, il tira sa montre et dit avec embarras :

— L'heure me presse, madame, et l'on doit m'attendre quelque part. Vous n'avez pas besoin de moi pour persuader à votre fille...

— Vous ne m'échapperez pas ainsi, dit madame de Villeneuve ; la personne qui vous attend est faite pour attendre. Mais vous allez signifier vous-même vos volontés à mademoiselle, et si elle ne sait pas s'y conformer, nous agirons en conséquence.

Cette dureté appela de nouveau des

larmes dans les yeux de la pauvre Thérèse ; son père en eut pitié.

— De grâce, ma chère, reprit-il, ne la traitez pas si mal ; je gage qu'elle aura réfléchi, qu'elle va céder... Allons, ma charmante, poursuivit-il en passant le bras autour de la taille de sa fille, ne soyons pas désobéissante. Tu nous aimes, n'est-il pas vrai ? Eh bien ! ne serais-tu pas contente d'entendre appeler ta mère *madame la baronne ?* Et puis, ne serais-tu pas ravie de me voir au cou un beau cordon bleu, avec une plaque de diamants sur mon habit, où il n'y a rien du tout? Oui, n'est-ce pas? Alors, épouse le duc de Beausset, et tu seras duchesse, et je serai baron et cordon bleu, et je te donnerai, oui, cent mille écus pour acheter des diamants.

— Mais, mon père, dit Thérèse avec angoisse, je n'aime pas le duc de Beausset !

— Parbleu ! belle raison ! est-il besoin de s'aimer? Demande à ta mère.

Un regard foudroyant de madame de Villeneuve lui coupa la parole.

— En vérité, monsieur, dit-elle avec ironie, vous avez une façon particulière de remplir vos devoirs ; il faut que je vous vienne en aide, si vous le permettez. Mademoiselle, continua-t-elle d'un ton sec, tout est fini entre nous et M. Philippe de Lussan, vous le savez. N'eussiez-vous pas d'autres raisons de le haïr, l'insulte qu'il m'a faite en votre présence eût dû vous le rendre odieux. Mais, aujourd'hui, des événements nouveaux se sont produits ; on a reconnu que ce M. de Lussan était un ennemi du roi et de la cour, un abominable libelliste, un infâme gazetier, et on l'a enfermé à la Bastille, d'où, selon toute apparence, il ne sortira plus. Il n'épousera donc personne, et les engagements pris à son égard sont nuls de plein droit. D'un autre côté, ces faveurs royales dont M. de Lussan père, on ne sait par quel moyen, honteux peut-être, avait extorqué la promesse, peuvent encore se réaliser par le crédit de la famille de Beausset. Tout à l'heure, l'abbesse du Val-de-Grâce nous en donnait l'assurance. Vous n'avez plus aucune raison pour vous refuser à ce mariage, qui doit élever votre famille au comble des honneurs, vous assurer à vous-même un haut rang dans le monde. Les deux jours que vous venez de passer dans une solitude absolue ont dû suffire à vos réflexions ; aussi vous allez nous donner une réponse catégorique à l'instant même ; et si vous vous obstinez dans vos refus déraisonnables...

— A quoi faudrait-il me résigner, ma mère ? demanda la jeune fille humblement.

— Vous le saurez tout à l'heure, s'il y a lieu... mais j'aime mieux devoir votre obéissance à votre tendresse pour nous qu'à des menaces.

Thérèse essuya ses yeux.

— Ma mère, dit-elle avec une fermeté qu'on ne devait pas attendre de son état d'épuisement, il me serait doux de combler vos vœux et ceux de mon digne père. S'il s'agissait seulement de mon bonheur, je n'hésiterais pas à vous le sacrifier. Mais je suis engagée par une parole, sainte à mes yeux comme un serment, et violer cette parole, quand celui qui l'a reçue est malheureux, serait une odieuse lâcheté..... Je vous supplie donc de ne pas m'imposer des obligations qui me laisseraient des remords éternels. Je suis pleine de respect pour vos désirs, je voudrais les satisfaire au prix de tout, excepté de ma conscience. Par pitié, n'exigez pas ce que je ne dois pas accorder ! Je ne prétends pas vous imposer mon choix, mais, je vous en conjure, ne m'imposez pas le vôtre !... et si je ne peux appartenir à celui que vous m'aviez d'abord désigné pour époux, si je ne dois plus le revoir sur terre, permettez-moi, du moins, de le pleurer sans regret et sans honte.

Le fermier-général détourna la tête pour cacher l'impression que lui causait cette touchante réponse. Mais madame de Villeneuve frappa du pied.

— Phrases de roman que tout cela! dit-elle avec colère; voilà ce que nos maudits philosophes ont appris aux enfants!... à compter avec leurs parents, à discuter avec eux! Mais finissons-en; dois-je croire, mademoiselle, que c'est là votre dernier mot?

Thérèse ne répondit pas.

— Il suffit, reprit madame de Villeneuve en se levant. Vous le voyez, monsieur, comme l'avait prévu notre amie, tous les moyens de douceur ont échoué contre l'opiniâtreté de votre fille.

— Ma chère, dit le fermier-général avec timidité, Thérèse est encore dans le premier moment du chagrin et de la surprise ; elle reviendra bientôt, sans doute à des sentiments meilleurs. Avant d'en agir rigoureusement avec elle, si nous attendions encore quelques jours?

— Attendre! voulez-vous donc, monsieur, continuer à faire de votre hôtel une prison? N'avez-vous pas vu ce soir de quoi votre fille était capable? suborner les domestiques, tenter de s'enfuir pour aller courir les aventures, au risque de compromettre sa réputation et la considération de sa famille, cela ne vous donne-t-il pas la mesure de ce que nous aurions à craindre d'elle? Non, non, je ne veux pas remplir ici plus longtemps l'office de geôlière..... Mademoiselle, si vous persistez dans votre coupable désobéissance, préparez-vous à partir, dès demain matin, pour le couvent.

Le financier craignait peut-être une explosion de cris et de plaintes, mais Thérèse accueillit cet ordre avec résignation.

— Si j'étais assurée, dit-elle d'une voix altérée, de ne pas perdre la tendresse de mon père et de ma mère, le couvent ne m'effraierait pas.

M. de Villeneuve n'y tint plus ; il embrassa Thérèse avec transport.

— Je vous l'ai dit, madame, cette enfant n'est pas méchante, reprit-il d'un ton plus ferme, et je ne veux pas qu'on la traite trop cruellement...

Mais, voyant sa femme froncer le sourcil, il ajouta :

— Tu iras au couvent, puisque ta mère le veut, ma petite Thérèse ; mais tu ne seras pas pour cela fort éloignée de nous. Le couvent que ta mère... que *nous* avons choisi est l'abbaye du Val-de-Grâce, à quelques pas de notre hôtel, un couvent distingué s'il en fût; plusieurs princesses du sang, des reines même n'ont pas dédaigné d'habiter cette maison. J'irai chaque jour t'embrasser en revenant du contrôle général. Comme nous approchons des fêtes de Pâques, on répandra le bruit dans le monde que tu es entrée au Val-de-Grâce pour y faire une *retraite* avec les religieuses, et quand tu en sortiras, ce qui ne peut tarder, si tu te montres bonne fille, on ne se doutera de rien. D'ailleurs, on m'a promis que tu ne serais pas mise à l'ordinaire un peu maigre des nonnes...

— Vous oubliez de dire, monsieur, interrompit madame de Villeneuve, que mademoiselle sera sous la direction d'une personne dont il n'est pas facile d'endormir la pénétration. Oui, madame de Mérignac, l'abbesse du Val-de-Grâce, est une maîtresse femme, et nous lui avons donné carte blanche. Aussi, mademoiselle devra bien se tenir ; on la surveillera de près, et si elle ne s'amendait pas bientôt, sa retraite pourrait se prolonger plus qu'elle ne pense !

—Madame, répondit Thérèse avec une grande douceur, s'il m'était permis de choisir entre le voile noir de la religieuse et le mariage dont vous parlez, je choisirais le voile.

Le fermier-général fit un soubresaut.

— Ma fille religieuse ! s'écria-t-il involontairement.

De son côté madame de Villeneuve était consternée; elle aimait son enfant, comme nous l'avons dit, et sa dureté tenait surtout à sa conviction qu'une volonté énergique finirait par triompher des résistances de Thérèse. Or, le ton simple et résolu de la jeune fille témoignait qu'à son tour elle serait inébranlable.

— C'est bon, reprit madame de Villeneuve en pinçant les lèvres, l'abbesse nous rendra bon compte de ces résolutions hypocrites; on peut s'en rapporter à elle pour distinguer le vrai du faux.

Mais brisons là... Monsieur, je vous rends votre liberté... Et vous, mademoiselle, tenez-vous prête pour demain matin de bonne heure.

Thérèse s'inclina sans rien dire. Son père s'était levé, mais il ne s'éloignait pas, partagé entre le désir de profiter de la permission accordée et celui de consoler la pauvre Thérèse.

— Allons, petite, sois gentille, dit-il d'un air d'angoisse en se posant tantôt sur un pied, tantôt sur l'autre ; ma parole d'honneur ! je donnerais un million pour te voir contente. Peste soit de celui qui cause ton chagrin ! Ce n'est pas que le drôle n'ait vraiment bonne mine ; et puis il parle comme un ange, et cette famille de Lussan est d'ancienne noblesse. Mais bah ! je ne voulais pas dire cela... Ne pense plus à ce coquin, ma fille, et je te donnerai des choses superbes, un petit carrosse pour toi, un tableau de Greuze, un collier de diamants... Allons, adieu, je suis pressé ; quelqu'un m'attend... C'est un ecclésiastique, un évêque. Encore une fois, sois sage, je te reverrai demain matin avant ton départ, si tu pars..... Adieu ma mignonne.

Il embrassa sa fille, salua sa femme et s'enfuit. Une minute après on entendit le roulement de la voiture qui le conduisait chez son évêque... à l'Opéra.

Madame de Villeneuve avait suivi son mari des yeux avec un mépris qu'elle ne cherchait pas à dissimuler. Enfin elle se tourna vers Thérèse, toujours humble et tremblante.

— Il pourrait être faible, dit-elle en

se roidissant secrètement contre ses propres impressions, mais je ne le serai pas, moi. Mademoiselle, il vous est encore permis de réfléchir jusqu'à demain. Je vous laisse; peut-être la nuit vous apportera-t-elle un bon conseil; je le souhaite et je l'espère.

Thérèse voulut lui baiser la main, mais la mère irritée l'arrêta d'un geste glacial et sortit sans retourner la tête.

Demeurée seule, la pauvre enfant put enfin donner un libre cours à ses larmes. Tout l'accablait à la fois ; Philippe était perdu pour elle, sa mère la repoussait, son père n'osait la défendre; elle n'avait plus en perspective qu'un mariage odieux ou l'austère vie du cloître. Dans son désespoir, elle éleva ses deux mains au-dessus de sa tête en disant tout haut :

— O mon Dieu ! qui donc aura pitié de moi ?

Alors, au milieu du silence profond de la nuit, elle crut entendre plusieurs coups légers frappés extérieurement à la fenêtre. C'était peut-être la réponse de cet être invisible qui depuis quelques heures errait autour d'elle. Mais la malheureuse enfant n'avait pas conscience d'être la protégée d'un de ces *esprits frappeurs* dont on parle tant aujourd'hui ; ce bruit subit, dont la cause était inconnue, la fit tressaillir; elle tira vivement le cordon de la sonnette.

Une femme accourut ; ce n'était plus la complaisante madame Durand, mais une vieille camériste à mine revêche. Cette femme s'empressa de déshabiller Thérèse, qui, brisée de fatigue et d'émotion, la laissa faire machinalement. Néanmoins mademoiselle de Villeneuve voulut elle-même visiter les clôtures et rabattre les rideaux avant de se décider à se mettre au lit, où son repos ne fut pas troublé pendant le reste de la nuit.

Le lendemain matin, lorsque madame de Villeneuve entra chez Thérèse, celle-ci était déjà debout. Sur les meubles, on voyait quelques effets que la jeune fille semblait vouloir emporter. Cette circonstance était significative ; la mère se mordit les lèvres.

— Je comprends, dit-elle.

Puis, s'adressant à la suivante :

—Dites qu'on attèle ! commanda-t-elle d'un ton bref.

Les préparatifs du départ furent bientôt terminés, et l'on vint annoncer que la voiture attendait dans la cour.

— Venez, mademoiselle, dit madame de Villeneuve froidement.

— Ma mère, avant mon départ, ne pourrai-je voir mon père, l'embrasser, comme il me l'a promis?

— Votre père, mademoiselle, ne pense guère à vous. Il n'est pas encore rentré de chez son évêque...

Et elle l'entraîna.

Au moment où Therèse montait en voiture, le jardinier racontait avec terreur, au milieu d'un groupe de domestiques, qu'il venait de trouver de nombreuses traces de pieds nus dans les allées du jardin.

CHAPITRE DIXIÈME

X

La Bastille.

Revenons à Philippe de Lussan, que nous avons laissé dans la première cour de cette terrible prison d'État, d'où, suivant un proverbe du temps, « un ange n'eût jamais pu tirer Saint-Pierre. »

Cette cour, à cause de l'élévation des tours massives qui l'environnaient, avait la forme d'un puits où ne pénétrait jamais le soleil. Un air humide et glacial y régnait en toutes saisons. Aucun bruit du dehors n'y arrivait. En revanche, les voitures qui amenaient les prisonniers éveillaient, en roulant sur le pavé. une foule d'échos lugubres et produisaient un fracas semblable à celui du tonnerre.

Le fiacre s'était arrêté devant un corps de logis d'assez belle apparence, bien que les fenêtres en fussent soigneusement grillées. C'était l'habitation du gouverneur, ou, comme on disait, le *gouvernement*. Quand le prisonnier et ses gardiens eurent mis pied à terre, l'exempt, chef de l'escorte, s'empressa de congédier le cocher. La voiture repassa le pont, qui fut aussitôt relevé. Alors on introduisit Philippe dans une pièce sombre et nue, servant de vestibule à l'appartement du gouverneur.

On respirait dans ce vestibule l'odeur fade, nauséabonde, écœurante, qui semble particulière aux hôpitaux et aux prisons. Sur de lourdes banquettes de bois, scellées aux murailles, étaient assis des porte-clés, au costume brun, à la mine farouche, et plusieurs laquais en livrée appartenant au service du gouverneur. Les uns et les autres jouaient avec des cartes crasseuses, mais sans bruit ; leurs chuchotements ne pouvaient être entendus au-delà du cercle étroit des joueurs.

Ces gens jetèrent un regard froidement curieux sur le prisonnier et ne se dérangèrent pas. Seul, le porte-clés principal quitta la partie d'un air maussade et vint causer bas avec l'exempt.

— M. le gouverneur a du monde, dit-il enfin tout haut, d'un ton bourru ; attendez un peu. Avez-vous fouillé le prisonnier ?

— Non.

— A quoi diable pensez-vous donc ? Fouillez-le, ça vous distraira et ce sera de l'ouvrage de moins.

Sans plus de cérémonie, les gens de police s'empressèrent de vider les poches de Philippe. On lui enleva son argent, ses bijoux, son portefeuille; on alla jusqu'à s'assurer s'il ne cachait pas quelque arme, quelque outil de métal dont il pût se servir plus tard pour opérer son évasion. Philippe, avec sa force supérieure, eût pu rendre ces honteuses investigations fort peu faciles. Mais il se laissa dépouiller tranquillement. Ces mains ignobles et mercenaires lui inspiraient sans doute du dégoût, moins toutefois que les hommes puissants qui se servaient d'elles, comme d'instruments, pour opprimer et flétrir.

La besogne était à peine terminée

quand le bruit d'une sonnette intérieure se fit entendre. Aussitôt le porte-clés principal se précipita vers Philippe et ses gardiens, en leur disant avec rudesse :

— Des détenus vont sortir de chez le gouverneur et traverser cette salle. La règle ne permet pas que personne puisse les voir. Entrez ici ; allons donc ! entrez, morbleu !

Et il les poussa dans une pièce voisine, dont il ferma la porte sur eux.

Les gens de police étaient trop bien faits aux usages de la Bastille pour s'étonner de cette circonstance ; mais la brutalité du geôlier eût exaspéré Philippe, si Philippe eût pu s'exaspérer encore de quelque chose. Machinalement il promena les yeux autour de lui. Il était dans une immense salle à manger où le gouverneur recevait à sa table les détenus privilégiés et notamment ceux qui pouvaient payer cette faveur. On eût dit d'une de ces salles noires et enfumées des restaurants de Cent Couverts, aux barrières de Paris. Des chaises crasseuses entouraient une longue table toujours couverte d'une nappe malpropre. A l'odeur *sui generis*, répandue dans toute la prison, se joignait dans cette pièce une autre odeur de rance et de moisi qui devait exciter fort peu l'appétit des pensionnaires délicats.

Du reste Philippe n'eut pas beaucoup de temps pour faire ces observations; au bout d'une minute, le porte-clés rouvrit la porte, et dit de sa voix rauque :

— Ils sont passés... venez.

Les gardiens restèrent dans l'antichambre, tandis que Lussan, précédé par le porte-clés et suivi de l'exempt, était introduit auprès du gouverneur.

Il entra dans un cabinet poudreux, encombré de vieux cartons et de paperasses. Deux ou trois employés subalternes travaillaient devant les fenêtres grillées et ne levèrent pas même la tête à l'arrivée du prisonnier. Au milieu du cabinet, derriere un grand et lourd bureau, un homme d'une cinquantaine d'années, en habit brodé et en talons rouges, décoré de la croix de Saint-Louis, achevait de transcrire des notes sur un registre à fermoirs de cuivre. Sa figure était sèche et froide ; son regard sournois exprimait le soupçon. Il conservait sous son costume de cour la raideur d'un militaire ; toutes fois ses formes avaient quelque chose de minutieux, de tatillon, qui sentait à la fois l'homme de bureau et le geôlier. Ce personnage était M. le marquis de Launay, ancien officier aux gardes du corps et présentement gouverneur de la Bastille.

M. de Launay, son travail achevé,

daigna enfin se tourner vers les arrivants. La noble prestance du jeune homme fit croire au gouverneur qu'on lui amenait un prisonnier d'importance; aussi sa figure se dérida-t-elle légèrement, et il salua Philippe avec politesse.

— Eh bien! monsieur l'exempt, dit-il en étendant la main pour recevoir la lettre de cachet, qui donc avons-nous ici? Un gentilhomme, cela se voit de reste, et même un gentilhomme qui a dû causer de grands ravages parmi les cœurs de la cour et de la ville! Il s'agit de fem-

mes dans son affaire, je le jurerais. Hum !
j'aime assez les pensionnaires de ce
genre, et l'on ne m'en a pas envoyé depuis le duc de Richelieu.

Il se mit à lire attentivement la lettre
de cachet, puis il causa bas avec l'exempt.
A mesure que cette conversation se prolongeait, le visage du gouverneur s'assombrissait de nouveau.

— Un avocat, un gazetier! murmura-t-il enfin avec dépit ; est-ce donc pour
de pareilles espèces que la Bastille est
bâtie ? Je n'ai plus que des prisonniers

de rien. Je me plains, on ne m'écoute pas. Cette place n'est plus tenable.

Il froissait les papiers avec colère. Le porte-clés demanda :

— Où le mettrai-je, monsieur le gouverneur?

— Vous êtes bien pressé. Cela va dépendre... Je ne sais pas encore quel degré de considération je dois accorder à ce jeune gaillard. Vous vous appelez

Lussan? continua-t-il en s'adressant au prisonnier.

— Philippe de Lussan, monsieur le marquis.

— Eh bien ! ici vous vous appellerez... comment pourrions-nous arranger cela? *Nassul* serait un peu bizarre... *Sullan* serait mieux... mettons *Sullian* pour l'euphonie... Vous l'entendez, messieurs, continua-t-il en s'adressant aux commis et au porte-clés, le nouveau venu s'appellera Sullian.

Et il transcrivit sur son registre ce nom ainsi défiguré.

Philippe s'efforçait vainement de comprendre : il ignorait qu'un prisounier changeait toujours de nom en entrant à la Bastille.

M. de Launay poursuivit d'un ton plus doux :

—Et bien! monsieur Sullian, quel prix pouvez-vous mettre chaque jour à votre pension ? Vous désirez sans doute conserver votre embonpoint, vos joues pleines et fraîches, pour que les belles dames vous reconnaissent à votre sortie... si vous sortez. Voyons, sans doute, votre famille n'est pas extrêmement riche; je ne vous proposerai donc pas une pension à trente ni à vingt livres par jour, comme en ont payé tous les gentilshommes honorables confiés à ma garde jusqu'ici; mais que dites-vous de quinze livres? C'est le prix des gens de loi, des gens de lettres et des ecclésiastiques. M. de Voltaire, M. Linguet n'ont pas payé moins pendant leur séjour ici, et, véritablement, on ne peut pas vous faire grande chère pour quinze livres!

Je ne veux pas gagner sur mes prisonniers, mais je n'entends pas non plus y mettre du mien.

Et il poussa un gros soupir.

— Pardon, monsieur le gouverneur, demanda Philippe stupéfait, je vous ai mal compris sans doute.

— Je parle pourtant assez clairement. Peut-être ce prix de quinze livres vous semble-t-il encore trop élevé..... Nous ayons aussi des pensions à douze livres, à dix livres même ; mais on est fort mal, je ne vous le cache pas ; les denrées sont chères, et l'on ne peut vous servir des mets bien recherchés ; vous aurez du pain bis, de mauvais vin.

— Pardon, encore une fois, monsieur le gouverneur, mais pourriez-vous me dire où je suis ici ?

— Où vous êtes ? Eh ! morbleu ! vous êtes dans le château royal de la Bastille.

— C'est étrange, je me serais cru au cabaret de Ramponneau ou chez quelque gargottier des Porcherons.

M. le marquis de Launay, que les mémoires du temps appellent par dérision le *traiteur* de Launay, à cause de ses spéculations bien connues sur la nourriture des prisonniers, se mordit les lèvres.

— Vous êtes hardi, jeune homme, reprit-il en lançant à Philippe un regard sombre, et je pourrais vous faire repentir de vos railleries. Mais, finissons-en et fixez vous-même le prix de votre pension... Que dites-vous de huit livres? C'est le plus bas, et l'on ne saurait vous fournir à moins une nourriture quelconque.

— Et si je ne pouvais ou ne voulais payer aucune pension, monsieur? Je suis le prisonnier du roi; n'est-il pas juste que le roi me nourrisse?

Le gouverneur sauta sur son fauteuil.

— Qui diable m'envoie-t-on là? demanda-t-il avec indignation. Quoi! pas même huit livres? Prenez-y garde, monsieur! le roi nourrit fort mal ses prisonniers, je vous en avertis, et si vous en étiez réduit à l'ordinaire de la prison... Allons! vous devez avoir une famille, des amis qui s'imposeront des sacrifices pour vous?

— Je n'ai ni amis ni parents dont je veuille en cette circonstance invoquer le secours.

— Mais, du moins, reprit le gouverneur tremblant à la pensée que le prisonnier pût tomber complétement à sa charge, vous avez encore ces bijoux (et il montrait les objets dont les alguazils avaient dépouillé Philippe un moment auparavant); voici aussi votre bourse; elle est un peu plate, mais il y reste quelques louis... Voyons, je consentirai sur ces effets qui doivent demeurer en dépôt au greffe de la maison, a vous avancer le prix de la pension à huit livres pendant quelques jours. D'ici là peut-être vous aurez réfléchi. Vos parents seront venus à votre aide, ou bien le ministre aura jugé à propos de vous assigner un traitement convenable. En vérité, c'est une ruine d'être gouverneur de la Bastille.

Philippe ne voulut pas continuer cette honteuse discussion, et laissa échapper un signe d'assentiment dédaigneux. Alors, le gouverneur s'empressa de griffonner quelques mots sur son registre, remit un reçu du prisonnier à l'exempt qui se retira ; puis, se tournant vers le porte-clés :

— Conduisez monsieur Sullian à la troisième Bertaudière, dit-il froidement.

Et il ajouta plus bas :

— C'est assez bon pour de pareilles gens... Huit livres! des écrivassiers, des vagabonds... Huit livres ! où allons-nous, mon Dieu ! où allons-nous !

Monsieur le gouverneur continuait ses doléances, que le porte-clés conduisait déjà Philippe à la prison désignée.

FIN DU DEUXIÈME VOLUME.

Fontainebleau, imp. de E. Jacquin.

SUITE DES NOUVEAUTÉS EN LECTURE

DANS TOUS LES CABINETS LITTÉRAIRES

L'Amour à la Campagne, par Maximilien Perrin. 3 vol. in-8.
La Mare d'Auteuil, par Ch. Paul de Kock. 10 vol. in-8.
Les Boucaniers, par Paul Duplessis. 3 vol. in-8.
La Place Royale, par madame la comtesse Dash. 3 vol. in-8.
La marquise de Norville, par Elie Berthet. 3 vol. in-8.
Mademoiselle Lucifer, par Xavier de Montépin. 3 vol. in-8.
Les Orphelins, par madame la comtesse Dash. 3 vol. in-8.
La Princesse Pallianci, par le baron de Bazancourt. 5 vol. in-8.
Les Folies de jeunesse, par Maximilien Perrin. 3 vol. in-8.
Livia, par Paul de Musset. 3 vol. in-8.
Bébé, ou le Nain du roi de Pologne, par Roger de Beauvoir. 3 vol. in-8.
Blanche de Bourgogne, par Madame Dupin, auteur de *Cynodie*, *Marguerite*, etc. 2 vol. in-8.
L'heure du Berger, par Emmanuel Gonzalès. 2 vol. in-8.
La Fille du Gondolier, par Maximilien Perrin. 2 vol. in-8.
Minette, par Henry de Kock. 3 vol. in-8.
Quatorze de dames, par Madame la comtesse Dash. 3 vol. in-8.
L'Auberge du Soleil d'or, par Xavier de Montépin. 4 vol. in-8.
Débora, par Méry. 3 vol. in-8.
Les Coureurs d'aventures, par G. de la Landelle. 5 vol. in-8.
Le Maître inconnu, par Paul de Musset. 3 vol. in-8.
L'Épée du Commandeur, par Xavier de Montépin. 3 vol. in-8.
La Nuit des Vengeurs, par le marquis de Foudras. 5 vol. in-8.
La Reine de Saba, par Xavier de Montépin. 3 vol. in-8.
La Juive au Vatican, par Méry. 3 vol. in-8.
Le Sceptre de Roseau, par Émile Souvestre. 3 vol. in-8.
Jean le Trouveur, par Paul de Musset. 3 vol. in-8.
Les Femmes honnêtes, par Henry de Kock. 3 vol. in-8.
Les Parents riches, par madame la comtesse Dash. 3 vol. in-8.
Cerisette, par Ch. Paul de Kock. 6 vol. in-8.
Diane de Lys, par Alexandre Dumas fils. 3 vol. in-8.
Une Gaillarde, par Ch. Paul de Kock. 6 volumes in-8.
George le Montagnard, par le baron de Bazancourt. 3 vol. in-8.
Le Vengeur du mari, par Em. Gonzalès. 5 vol. in-8.
Clémence, par madame la comtesse Dash. 3 vol. in-8.
Brin d'Amour, par Henry de Kock, 3 vol. in-8.
La Belle de Nuit, par Maximilien Perrin. 2 vol. in-8.
Jeanne Michu, *la bien-aimée du Sacré-Cœur*, par madame la comtesse Dash. 4 vol. in-8.

Imprimerie de Gustave GRATIOT, 30, rue Mazarine.

www.ingramcontent.com/pod-product-compliance
Lightning Source LLC
Chambersburg PA
CBHW060355170426
43199CB00013B/1881